역사로 본 중국음식

차례
Contents

공자는 미식가

공자는 팔불식

2010년 2월 「공자(孔子)」라는 영화가 개봉했다. 잘생긴 홍콩 배우 저우룬파(周潤發)가 공자 역을 맡았는데 필자는 은근히 『논어(論語)』에서 만난 공자가 영화에선 어떤 모습으로 그려졌을까 궁금했다. 또 2,500년을 거슬러 올라가 과연 공자의 밥상에는 어떤 음식이 올라올까 하는 기대감까지 들었다.

영화는 공자의 제자들이 한 줄로 서서 시릴 듯 맑은 물에 손을 씻는 장면으로 시작되었다. 그리고 각자 자기 자리로 돌아가 각상(各床)을 하나씩 차지하고 손으로 밥을 먹었다. 젓가락은 요리를 먹을 때나 뜨거운 국 안의 건더기를 먹을 때만 사

文聖孔子

공자

용하였다.

　공자는 모든 제자들에게 손 씻기를 생활화하도록 명했다. 손 씻기만 잘 해도 전염병의 70퍼센트가 예방된다는 사실을 이미 알고 있던 것일까? 밥 먹는 장면이 끝나자 그때야 비로소 저우룬파가 다시 눈에 들어온다. 공자도 저렇게 멋지게 생겼을까? 공자는 태어났을 때 머리가 언덕처럼 평편해서 구(丘)라고 이름 지어졌고 키가 9척 6촌(약 280㎝)이나 되는 장인(長人)이었다. 얼굴은 몰라도 키는 저우룬파보다 상당히 컸던 것 같다.

　저우룬파 같이 키가 크고 풍채가 좋은 사람은 마음도 넓어 보이고 식성도 좋아 보인다. 그래서 아무거나 주는 대로 덥석덥석 잘 받아먹을 것 같은데 의외로 공자는 먹을 것에 대해 투정을 자주 부리는 팔불식(八不食)이었다.

　　쌀밥이었으면 좋겠어. 회는 얇게 썬 것이 맛있고.
　　밥은 쉰 것 같고
　　생선이랑 고기는 맛이 변한 것 같아 안 먹을래.
　　색이 변한 것 같아 안 먹을래.
　　냄새 나서 안 먹을래.

덜 익어서 안 먹을래.

먹을 때가 아니어서 안 먹을래.

고기를 똑바로 썰지 않아 안 먹을래.

찍어 먹을 장(醬)이 없어서 고기도 안 먹을래.

시장에서 사온 술은 안 마실래.

명색이 중국 최고의 성인인데 공자는 이것도 안 먹겠다 저것도 안 먹겠다 한다. 얼핏 보면 음식에 대해 대단히 까칠하고 도도한 사람처럼 보이지만 사실 구구절절 다 옳은 말이다. 공자는 좋아하는 음식을 말할 때 "정(精)한 것을 싫어하지 않는다."라고 했다. 정하다는 것은 여러 가지 의미로 해석할 수 있는데 요리를 할 때 최적의 재료를 선택하라는 말이다. 요리사가 요리를 할 때 재료가 신선하면 일단 60점은 먹고 들어간다. 나머지 40점은 요리사의 몫이다. 최적의 신선한 재료를 구입하면 맛을 내기 위해 별도로 이런 저런 양념을 넣을 필요가 없다.

공자는 식사할 때 밥 또는 곡물을 주식으로 먹고, 고기는 반찬으로 먹되 밥보다 고기를 많이 먹지 말라 했다. 일반적으로 고기를 좋아하는 사람은 밥도 안 먹고 고기로만 배를 채운다. 그런데 그런 날은 꼭 속이 더부룩해서 편치 않다. 영양학적인 면에서 살펴보면 우리 몸에서 에너지를 만들어내는 3대 영양소, 즉 탄수화물과 단백질, 지방은 그 섭취 비율을 적절히 맞춰야 건강을 유지할 수 있다. 일반적으로 탄수화물:단백질:지방을 55~70:7~20:15~25의 비율로 하여 대략 3:1:1 정도로 맞

출 것을 권장한다. 탄수화물은 주로 주식(밥)으로 먹는 곡류에 많이 들어있고, 단백질과 지방은 육류에 많이 들어있다. 따라서 밥(곡류)으로 절반 이상의 에너지를 섭취하고 육류는 곡류의 1/3 정도로 섭취하는 것이 적당하다.

중국 주(周)시대의 예법을 적은 『주례(周禮)』 천관(天官)에 의하면 주나라 천자는 제사를 지내거나 손님을 접대할 때 요리가 120품이면 장(醬)도 120단지를 준비했다. 모든 요리에 장이 필요했다는 것인데 이 당시의 장(醬)은 콩으로 만든 것이 아니라 육류를 이용해 만든 것들이다. 공자도 각종 육식을 먹을 때 육장을 요구했고 육장과 음식이 어울리지 않으면 먹지 않았다. 일반적으로 고추냉이가 나오면 회가 나오는 것을 미루어 짐작할 수 있듯 당시의 사람들도 상 위에 올라오는 장(醬)을 보고 그 다음에 어떤 음식이 나올지 짐작할 수 있었다.

또 공자는 똑바로 썰지 않은 음식은 먹지 않았다. 요리재료 써는 것을 중국어로 따오꽁(刀功)이라 하는데 따오공이란 장인의 힘으로 재료를 썬다는 말이다. 같은 재료라 하더라도 어떻게 썰었느냐에 따라 요리의 모양이나 조리법이 달라지고 결국 요리의 격이 달라진다. 채소를 요리할 때는 손으로 잘라 넣기도 하고 칼을 사용해서 자르더라도 손가락 한 마디 정도의 길이로 썰어서 볶으면 그만이다. 고기는 결의 반대 방향으로 곱고 가늘게 썰어야 씹기도 좋고 소화가 잘 된다. 결대로 썰고 조금이라도 덜 익히면 노인들의 경우 이 사이에 끼기도 하고 소화가 쉽지 않으며 양생(養生)의 도리에도 어긋난다. 요즘 우리는

'양생'이라는 말을 잘 쓰지 않는다. 대부분 '콘크리트를 굳게 하는 일' 정도로만 알고 있을 텐데, 여기서의 '양생'은 영어로 웰빙(well-being)의 개념이다. 최근 유행하는 우스갯소리로 한다면 '9988234', 즉 99세까지 팔팔하게 살고 2~3일 정도 앓다가 4(死)한다는 정도의 뜻으로 이해할 수 있다.

공자는 또 시장에서 사온 술은 마시지 않았다. 만드는 과정을 본인이 직접 보지 않았기 때문에 다른 잡다한 물질이 들어갔다고 생각했기 때문일 것이다. 오경(五經)의 하나인 『예기(禮記)』 왕제(王制)편을 봐도 의복과 음식은 시장에 내다팔지 말라 하였다. 당시의 위생 상태를 미루어 볼 수 있는 대목이다.

생강은 양념이기도 하지만 감기약이기도 하고 차로 달여 마실 수 있어 공자가 매일 꼭 챙겨먹는 음식이었다. 하지만 많이 먹지는 말라 했는데 식은땀이 나거나 기운이 없는 사람, 속에 열이 많은 사람들이 과용하면 건강이 상할 수 있기 때문이다.

공자는 음식에 대해 많은 것을 보여주고 이야기했지만 정작 군자는 부엌을 멀리하라 했다. 공자 시대의 부엌에서 누가 어떤 음식을 만들었는지 알 길은 없지만, 당시 육류 요리와 육류로 만든 장이 많았고 제사음식도 대부분 육류였던 것을 감안하면 부엌에서 하는 일 중 동물을 살생하는 일이 주를 이루었을 것으로 짐작된다. 따라서 군자는 살생하는 일에 직접 나서지 말라는 뜻으로 이해된다. 공자가 강조한 또 하나는 집안일과 집 밖의 일을 구분하라는 것이다. 이때의 부엌이라는 공간은 집안의 개념으로 집안의 일보다는 집 밖의 일을 중시한 것으로 볼 수도 있다.

반듯한 청년 공구

『사기(史記)』 공자세가(孔子世家)를 보면 공자는 B.C. 551년 노나라 양공 22년 경술년 11월 경자(庚子)에 창평향 추읍에서 태어났는데, 기록에는 '아버지 숙량흘과 어머니 안 씨의 야합(野合)에 의해서'라고 되어 있다. 사마천이 공자 부모의 만남을 '야합'이라 표현한 것은 숙량흘이 이미 첫째 부인과의 사이에 딸 아홉과 아들 하나를 두어 당시 그의 나이 일흔에 가까웠고 안 씨는 채 스무 살이 되지 않았기 때문이다.

공자의 조상은 송(宋)나라 사람으로 비록 가세는 기울었으나 그래도 성인(聖人)으로 불리던 집안이었다. 공자가 세 살 때 아버지가 돌아가셨는데 돈이 없어 장례도 치르지 못했다. 이후에도 형편은 좋아지지 않아 공자는 가난하고 천한 청소년기를 보냈다고 전해진다. 하지만 공자의 집안 핏줄에는 '청렴의 DNA'가 흘렀다. 살림은 궁핍했지만 공자의 선조들도 된죽이든 묽은 죽이든 가리지 않았고, 설령 풀을 쑤어 먹는 한이 있어도 생활 속에서 청렴함을 강조했다. 그들의 피를 이어받은 공자 또한 성긴 밥을 먹고 물을 마시고 팔을 베고 누울 수 있으면 그곳에 낙이 있다고 했다. 또 군자는 배불리 먹으려 하거나 편하게 살기 위해 애쓰지 말고, 일은 민첩하게 하되 말은 신중하게 하라 했다.

제(齊)나라 경공(景公: 26대 군주)이 어느 날 공자에게 정치가 무엇이냐 물었다. 공자는 "임금이 임금답고 신하가 신하다운 것이다. 그렇지 못하면 먹을 양식이 생긴들 무슨 소용이 있겠는가?"하고 대답했다. 또 "정의롭지 못하면서 부자가 되고 귀하게 되는 것은 뜬 구름"이라 하였다.

공자의 제자 중 안회(顔回)는 밥 한 그릇, 물 한 사발을 마시고 누추한 곳에서 살아도 학문을 게을리 하지 않았다. 그래서 안회는 공자로부터 '현명한 안회', '품성이 고상한 안회'라는 칭찬을 받았다. 또 공자는 공자와 함께 도를 이야기하려는 사람 중 남루하게 입었다고 부끄러워하거나 먹을 것이 없다고 부끄러워하는 사람하고는 아예 이야기하려 하지 않았다. 공자가 살던 때는 살아있을 때도 예(禮)요, 죽어서도 예(禮)를 강조하는 시대였다. 주나라에서도 식사를 내가는 예의를 진식지례(進食之禮)라 하여 반드시 지키도록 했는데, 예를 들면 다음과 같은 원칙들이 있었다.

연회가 시작되어 요리를 들고 오면 모든 손님들은 일어나야 한다. 귀한 손님이 들어올 때도 나머지 손님들이 일어나서 공경의 표시를 해야 한다. 여럿이 식사할 때는 배부르게 먹으려 하지 말아야 하며 손을 쓰지 말고 숟가락으로 덜어 먹어야 한다. 식사할 때 밥을 많이 떠 넣지 말고 입에 들어갔던 음식은 다시 접시에 올려놓지 말아야 한다. 그렇지 않으면 사람들이 비위생적인 사람이라 여길 것이다.

장시간 먹고 마시지 말라. 저 사람은 아직도 배가 고픈 것인가 하는 오해를 살 수 있다. 음식을 씹을 때 입에서 쩝쩝거리는 소리가 나지 않아야 한다. 쩝쩝거리고 먹으면 주인이 생각할 때 저 사람은 나한테 무슨 불만이 있는가 생각할 수 있다.

큰 뼈에 붙은 고기를 먹을 때 소리가 나면 점잖지 못한 느낌을 준다. 자기가 먹던 생선이나 고기는 한번 집어가면 그대로 먹을 것이며 원래 접시에 다시 갖다 놓지 않는다. 밥이 뜨거울 때 빨리 먹으려고 하지 말라. 젓가락을 사용해서 밥을 식힌 다음 먹는 것이 좋다.

공자는 마을에서도 예의 바른 사람이었다. 공자는 마을에서 노인과 함께 술을 마실 때도 노인께 먼저 권하고 노인이 마신 후에야 본인도 술을 마셨다. 하지만 술이나 음식을 어른께 먼저 드린다고 해서 효도라고는 할 수 없으며 반드시 공경하는 마음이 따라야 함을 강조했다. 또한 연장자가 아닌 친구가 자신을 초대하여 성대한 연회를 베풀어도 반드시 일어나서 친구에게 감사의 표시를 했다. 공자는 상갓집에 갔을 때도 측은지심으로 상주의 슬픈 마음을 헤아려 술도 많이 마시지 않았다.

우리 속담에 '될 성 부른 나무 떡잎부터 알아본다'고 했는데 공자는 어렸을 때 제기(祭器)를 늘어놓고 제사 지내는 놀이를 하면서 자랐다. 그리고 공자는 개인적으로 제사를 지낼 때 고기를 올릴 수 없어 질박한 음식으로 제사를 지냈다. 당시 서민들은 물고기와 콩만으로 제사를 지냈는데 그나마 봄과 가을에

중국 시골 마을의 전통 제사

조상의 사당에 제사를 지낼 뿐이었다. 그러나 국가나 왕이 올리는 제사 음식에는 반드시 신선한 고기를 삶아 익힌 다음 제사상에 올리게 했다. 제사는 원래 올리는 음식의 향을 흠향(歆饗)하는 것이기 때문에 신선한 고기를 삶아 좋은 향이 나도록 애썼다. 공자는 제사를 지낼 때에도 조상들이 앞에 살아 계신 것처럼 정성을 다하여 모셨고, 신에게 제사 지낼 때는 신이 앞에 있는 듯 경외하면서 모셨다.

또 제사 음식으로 사용하는 고기가 하루를 지났거나 한번 제사상에 올렸던 고기는 절대로 다른 제사상에 올리지 않았다. 공자는 제사상에 올렸던 고기의 유효기간을 3일로 정하고 3일이 지나면 고기가 상하고 색이 변하기 때문에 무조건 폐기했다. 그가 유효기간에 민감했던 이유는 색이 변하거나 냄새가

나는 것은 상한 증거이므로 건강을 해칠 수 있다고 판단했기 때문이다. 실제로 돼지, 양, 토끼, 노루 고기 등의 단백질 식품은 시간이 경과하면 혐기성 세균의 번식에 의해 분해를 일으켜 아민과 암모니아 등이 만들어지면서 악취를 내고 유해성 물질이 생산되어 몸에 해롭다.

또 공자는 식사하러 들어갔을 때 테이블이 똑바로 놓여있지 않으면 앉을 생각을 하지 않았으며 반드시 먼저 정리하고 앉았다. 공자에게 식사하는 환경은 매우 중요한 요소였다. 하지만 공자가 다소 마음을 너그럽게 먹고 행해도 된다며 허락해 준 부분이 있는데 그건 바로 술에 관해서다. 공자는 주량껏 술을 마시되 주정할 정도로 과음해서는 안 된다고 경고했다.

상류층 스타강사 공자

공자는 누구보다 배움에 열의를 보인 사람이다. 『논어』는 공자가 세상을 떠난 뒤 공자의 제자들이 배운 내용을 모아 한데 엮은 것이다. 그중 맨 첫 부분은 학이(學而)편이다. 학이의 첫 장에서 공자는 배움이 얼마나 즐거운 일인지 가르쳐주고 그날그날 배운 것을 잘 복습하고 있는지 스스로 돌아보라 했다. 그러나 배우기만 해서 되는 것은 아니고 배우면서 꼭 사색을 하도록 했다. 또 배우면 알게 되는데 엄마 뱃속에서부터 알고 나면 더 좋고, 그게 아니면 배워서 알아도 좋다고 하였다. 그리고배우지 않아 곤란한 일이 생긴 후 뒤늦게 공부를 해도 되지만 배우지 않아 곤란함을 당하면서도 배울 생각을 하지 않는 것은

공자와 그의 제자들

지극히 나쁜 일이라 하였다.

그래서 공자는 학교를 열었다. 공자는 그 사람이 누구인지 묻지도 않고 따지지도 않고 입학을 허락했으며 속수(束脩) 일속(1束)만 내면 누구든지 학생으로 받아 주겠다고 했다. 속수는 포개어 묶은 육포로, 일속이면 육포 10장 정도다. 오곡 몇 되가지고는 입학이 불가능했다는 얘기다. 더욱이 공자는 채소를 좋아하는 사람도 아니었다.

당시 속수는 귀한 사람이나 선생님을 처음 만날 때 건네는 작은 예물로 지금까지도 속수지례(束脩之禮)라는 말이 남아있다. 그러나 의문이 드는 것은 당시 제후는 특별한 이유 없이 소나 양을 죽이지 않았으며 대부(大夫)와 사(士)도 특별한 이유 없이 개나 돼지를 죽이지 않았다고 했다. 또 육포를 만들기 위해서는 최소한 아버지의 관직 등급이 대부나 사 정도 되어야 했다. 게다가 지금 우리가 먹는 육포를 기준으로 볼 때 육포 열 장은 약 300g이고, 300g의 육포를 만들려면 고기 1근이 필요하다. 당시 가난한 집 아이들은 명아주 잎이나 콩잎 따위의 초근목피(草根木皮)로 연명하고 있었는데 고기 1근이 어디에서 나서 육포 1속을 내고 공자의 학교에 가겠는가? 공자의 학교는 일부 특수층 자제를 위한 특급 교육기관이었을 것으로 미루어 짐작할 뿐이다. 당시 공자는 가까운 제자가 72명이었고 공자의 제자라고 이름 붙인 사람은 3,000명 가량 되었으니 한 사람당 육포를 열 장씩 냈다고 보면 공자가 받은 등록금은 육포 30,720장 쯤 된다. 열 개씩 묶어 집안 곳곳에 매달아 두어도 매달아 둘 곳이 없을 정도로 많은 양이다.

고기를 이렇게 좋아하는 공자가 제(齊)나라에 갔을 때 순임금의 음악이라고 불리는 '소(韶)'를 처음 들었는데 그 음악을 듣고 난 뒤 공자는 맛있는 고기를 먹어도 고기 맛을 몰랐다고 한다. 공자는 정치, 철학, 교육, 음악, 음식 등 각 방면에 능통하고 이를 즐길 줄 아는 사람이었다. 지금 중국인의 밥상 문화를 유심히 살펴보면 과거 공자가 무엇을 어떻게 먹었는지 짐작할 수 있다. 까칠하고 도도한 미식가 공자를 통해 중국 음식문화를 어느 정도 이해할 수 있다는 얘기다.

밥 먹을까, 병(餅) 먹을까

밥 먹을까, 죽 먹을까

조(粟)에 대해 이야기하려면 2,000년 전으로 돌아가야 한다. 한(漢)나라 때 조는 곡류 계통의 왕초였다. 쌀과 밀, 보리가 다 조의 발아래 있었다. 지금은 쌀밥을 하면서 인심 쓰듯 조를 몇 알 넣고 조밥이라 한다. 또 조를 가지고 떡이나 소주를 만들기도 하며 심지어는 새의 모이로 사용한다. 조금 다른 얘기지만 속 좁은 옹졸한 사람을 '좁쌀영감'이라 부르기도 한다. 다시 말해 쌀에게 안방을 내주고 쌀이 사는 집에 조가 셋방을 살고 있는 꼴이다.

제나라 경공이 공자에게 정치가 무엇인지 묻자 공자는 "왕

15

은 왕다워야 하고 신하는 신하다워야 합니다. 왕이 왕답지 못하고 신하가 신하답지 못하면 조(粟)를 주셔도 받지 않겠습니다.”라고 하였다. 이때의 조는 '천금'이었다.

한나라 때는 오곡을 먹어야 건강을 유지할 수 있다고 했다. 그때의 오곡은 조나 보리 혹은 밀, 벼, 기장, 콩 등이었는데 조가 가장 대표적인 곡류 식품이었다. 밭에서 자라고 있는 조의 모양은 강아지풀이나 수수를 닮았다. 긴 목을 축 늘어뜨리고 부는 바람에 몸을 맡기며 흔들거리고 있다. 그 옛날 조가 곡식의 대표가 될 수 있었던 것은 조가 환경에 적응하는 능력이 뛰어나고 빨리 자라기 때문이었다. 또 조는 척박한 땅에 심어 놓아도 잘 자라며 조금 춥거나 가물어도 잘 견딘다. 심어놓고 넉 달만 기다리면 먹을 수 있다. 조밥은 까끌까끌해서 변비에도 좋다. 한의학에서는 조를 성질이 약간 차고 맛이 달며 독이 없다고 한다. 여름에 조를 끓여서 그 물을 마시면 갈증이 줄어든다. 조는 버릴 게 없다. 씻은 물은 버리지 말고 가려운 데나 땀띠 난 데를 닦기도 한다.

가뭄이나 저온에도 강한 조(粟)

조를 절구에 넣고 찧은 다음 키질을 하고 시루에 넣어 불을 때서 익히면 밥이 되어 먹을 수 있다고 하였는데, 이것이 중국의 식품 가공의 기원이다.

진한(秦漢)대의 사람이 먹던 밥 중에 건반(乾飯)이라고 있었는데 혹자들은 비(糒)라고도 부른다. 건반은 햇볕에 말린 밥으로 한(漢)대 가장 자주 볼 수 있는 음식이었으며 가장 조리하기 쉬운 밥이었다. 이 말린 밥은 조, 보리 등의 작물과 쌀 등을 이용해 만들었다. 시안(西安)에서 동한 시대의 묘가 발견되었는데 그곳에서 출토된 그릇 속에서 갱미비(粳米糒), 소맥비(小麥糒)라고 적힌 문서가 발견되었다. 건반은 장기간 보존할 수 있고 휴대가 간편하며 어디서나 먹기 편리한 점 때문에 한대 사람들의 일상생활 중 중요한 위치에 놓여 있었다.

지금의 영양학적인 관념으로 보면 진한 사람들의 음식은 완전 건강식이었다. 당시에는 조죽과 보리죽, 콩죽을 끓였다. 죽에서도 된죽과 묽은 죽을 구분하였고, 죽과 비슷한 것으로 물에 말아 먹는 밥(水泡飯)도 있었다. 죽은 쌀에 물을 넣고 끓여 뜨겁게 먹는 것인데 쌀을 갈아 찬물에 넣어 먹는 한죽(寒粥)도 있었다.

『황제내경(黃帝內經)』 소문(素問)편에 보면 한대 사람들은 곡류와 채소류 등의 음식을 주식으로 하였고 동물성 음식을 부식으로 삼았으며 아주 드물게 우유를 먹기도 했다. 또 뜨거운 음식, 익힌 음식이 주를 이루었고 찬 음식은 부식으로 먹는 것이 대표적인 식사 형태였다. 물론 예외도 있었다. 대부 이상의 귀족들은 주로 고기를 먹었고 평민들은 주로 채식을 했다. 맹자도 집에서 닭이나 돼지, 개를 키울 때 그것들이 번식하는 때를 놓치지 않고 열심히 일해야 70세 되신 노인들이 비로소 고기를 드실 수 있다고 했다. 그러니 황제내경에서는 채식을 하면 건강하다고는 하였지만 일반 평민들은 감히 육식을 할 수 없었기 때문에 채식을 한 것이 된다.

병 먹을까, 이 먹을까

가루를 이용한 음식 중 대표적인 것으로 병(餅)과 이(餌)가 있다. 밀가루를 반죽해서 찐 것은 '병'이라 불렀고, 쌀을 반죽해서 찐 것은 '이'라고 했다. 병과 이는 진나라 때나 서한 전기에는 잘 보이지 않던 음식이었다. 『후한서(後漢書)』에 의하면 광무제 유수(光武帝 劉秀: 후한의 초대 황제)가 어렸을 때 신야(新野)라는 곳에 잡혀있었는데 이때 시장의 관리직인 시리(市吏)를 맡고 있던 번화(樊曄)가 그에게 이(餌)를 한 광주리 담아 갖다 주었다고 한다. 유수는 고마운 마음을 늘 잊지 못하고 있다가 제군이 된 후에 번화에게 어식(御食: 임금이 내리는 음식)과 가마를 주고 그에게 도위(都尉: 지역 방위 책임자)직을 내렸다. 이는 이 일화

우리나라 수제비와 비슷한 탕병(湯餠)

를 통해 유명한 음식이 되었다.

병의 일종인 탕병(湯餠)은 자병(煮餠)이라고도 불렀는데 명칭을 통해 짐작할 수 있는 것처럼 물에 넣어 끓

인 음식이다. 이것으로 보면 우리가 즐겨먹는 수제비의 근원이 탕병이 된다. 『형초세시기(荊楚歲時記)』에 의하면 6월 복날에 탕병을 먹어야 악귀나 질병 등을 막을 수 있다고 한다. 동한시대에는 시장에서도 병을 팔았을 뿐만 아니라 마을 가판대에서도 팔 정도였으니 병은 그 당시 상당히 대중적인 식품이었다. 한나라대의 음식을 살펴 볼 수 있는 역사서 『석명(釋名)』 석음식(釋飲食)편에 의하면 한대에는 탕병, 호병 등 모두 7종의 병이 있었다고 한다.

다음은 호병에 관한 이야기다. 일단 '호(胡)'라고 하는 한자가 들어가면 대부분 서역(西域)에서 왔다는 뜻이다. 기원전 139년 한 무제 때 장건(張騫: 서역의 실크로드 개척자)은 사신단 100여 명과 함께 서쪽으로 갔다. 이때 흉노족에게 잡혀 10년 넘게 억

류되어 있다가 수도 장안으로 복귀할 때는 겨우 두 사람만 살아 돌아왔다. 장건은 무제에게 서역에 있는 나라들과 정식으로 교류를 했으면 좋겠다고 건의했고, 무제는 이를 받아들였다. 그래서 기원전 139년 장건은 다시 일행 300여 명과 함께 서역 각국에 전할 예물과 소, 양, 황금, 실크 등의 공물을 싣고 떠났다. 이때 장건은 지금의 이란에서 지중해 동쪽 해변에

장건

이르기까지 중아시아 및 서아시아 각국을 방문하고 이들과 무역할 수 있도록 길을 개척했으며 역관도 설치하였다. 이러한 자연스러운 교류를 통해 장안에는 음식도 들어오게 되었는데 그중의 하나가 호병(胡餅)이다. 언제 전래되었는지 구체적인 시기는 알 수 없지만 『태평어람(太平御覽)』에서 영제(靈帝: 후한 말 12대 황제)는 호병을 좋아하였고 경사(京師: 당시의 수도)에서는 모두 호병을 먹었다고 한다. 이것으로 보아 호병은 이미 한대 사람들의 음식에서 중요한 지위를 차지하고 있었던 것 같다. 호병을 만드는 방법에 대해서는 문헌마다 조금씩 다른데 한대 이후의 호병은 깨를 붙여서 찌거나 구운 병으로 통일되었다.

병(餅)과 이(餌) 중에서 병은 중국과 한국, 일본에서 지금도 그 흔적을 찾아볼 수 있지만 이(餌)는 볼 수 없는 음식이다. 현재 중국에서 병(餅)이라고 부르는 것은 대부분 밀가루로 만든 음식으로 빈대떡처럼 둥글면서 위아래가 납작한 것을 말한다. 대부분의 중국인이 아침에 출근하려고 문을 나서면 골목 어귀에 따빙(大餅)이 기다리고 있다. 따빙은 보통 시중에서 파는 피자보다 두 배는 더 크다. 피자를 자르듯 여덟 쪽으로 잘라도 혼자 다 먹기가 어려울 정도다. 따빙은 구워내기 때문에 담백하다. 식성에 따라 기름에 튀긴 것을 좋아하면 여우빙(油餅)을 먹으면 되고, 기름에 지진 것으로 파를 좀 넣었으면 좋겠다 하면 총여우빙(蔥油餅)도 있다. 기름기는 있으되 조금 담백하기를 바란다면 지엔빙(煎餅), 채소를 좋아한다면 담백한 차이빙(菜餅)을 선택하는 게 좋다. 우리가 추석에 송편을 먹듯 중국인들은 중

추절에 달을 닮은 위에빙(月餅)을 먹는다. 우리나라에서는 쌀을 가루로 만들어 다양한 부재료를 넣고 찐 음

총여우빙(蔥油餅)

식을 병(餅)이라 한다. 일본에서는 '모찌'라 부르는 찹쌀떡으로 그 형태가 남아 있다.

이와 같이 한나라 때 가루를 이용한 음식이 다양하게 나올 수 있었던 이유는 농업에서 그 답을 찾을 수 있다. 한대에는 주로 소규모 농업을 했다. 농민은 세 계층으로 구분하였는데 대가(大家)는 지주계층, 중가(中家)는 중소지주, 소가(小家)는 자경농을 하는 사람이었다. 한대에는 주로 한 사람이 앞에서 소 두 마리를 끌고 뒤에서 두 사람이 쟁기를 몰아 1척 단위로 밭을 갈았다. 또 소 한 마리가 쟁기 세 대를 끌었는데 세 대 중 한 대는 밭을 갈고 두 대는 씨를 뿌리는 방법으로 농사를 지었다. 이러한 방법을 쓰면 사람과 소의 힘을 동시에 사용해 조나 보리, 도(稻), 기장, 콩 등을 수확할 수 있었고, 생산율이 혁신적으로 증가했기 때문에 곡식을 알갱이로 먹는 일이 가능해졌다.

화상석의 북방 음식

화상석(畵像石: 건조물이나 묘릉 따위 석재에 화상을 조각한 것) 중에서 요리하는 모습을 볼 수 있는 것으로는 포주도(庖廚圖)가 있다. 한대 이전까지의 역사적인 기록물은 주로 대나무에 칼로 글을 새긴 것이거나 무덤에서 발견된 부장품이 대부분이어서 이를 통해 당시 생활을 미루어 짐작했다. 그러나 한대에는 종이 대신 돌이나 기와에 칼로 당시의 생활모습을 새겨놓았는데 이는 예술작품으로 손색이 없을 정도다.

돌에 새긴 화상석이나 기와에 새긴 화상전(畵像磚)은 그 당시 자신의 죽음을 예감한 사람이 사후에도 이 세상에서 살았던 것과 똑같이 살 수 있다고 믿었기 때문인지 묘사가 제법 사실적이다. 또 화상석에 사용한 돌도 다양하고 내용도 풍부해서 한대의 역사를 한 눈에 파악할 수 있다. 화상석은 주로 산동성(山東省)에서 발견되었고 강소와 하남, 섬서, 절강, 사천 등지에도 여러 개가 흩어져 있다.

요리하는 모습을 보여주는 화상석은 산동성 제성 전량대(諸城前凉臺)에서 나온 것으로 한 화상석 상의 포주도 중 하나이며 한대 귀족들의 삶을 볼 수 있는 귀한 자료로 인정받고 있다. 화상석의 내용은 돼지잡기, 양고기 저미기, 소머리에 망치 내려치기, 말 잡기, 개 껍질 벗기기, 닭이나 꿩 등을 끓는 물에 넣었다가 털 뽑기, 생선 배 가르기 등으로 다양하다. 그중에서 돼지 잡는 모습을 보면 한 사람은 돼지 다리를 꽁꽁 묶어 그 줄을

한대의 포주도(庖厨圖)

잡고 있고, 돼지 꼬리 쪽으로 한 사람이 칼을 들고 서 있다. 돼지 목을 따려는지 돼지 머리 밑에 그릇을 하나 두어 피를 받을 준비도 하고 있는 듯하다. 양은 두 사람이 잡고 있는데 한 사람은 오른손에 몽둥이, 왼손에는 양 꼬리를 잡고 다른 한 사람은 칼을 들고 양을 막 찌르려 하고 있다. 양 머리 아래에도 양피를 받으려는지 큰 그릇이 놓여있다.

소를 잡는 모습을 보면 오른쪽 사람이 소 꼬리를 묶은 줄을 잡고 있고 왼쪽 사람은 소의 코뚜레에 묶은 줄을 자기 발 한 쪽으로 밟고 두 손으로 힘을 다하여 망치로 내려치려 하고 있다. 생선의 배를 가르는 일은 일반적으로 한 사람이 하는데 손에 칼을 들고 있으며 옆에는 생선을 담을 그릇까지 준비해 놓고 있다. 일부 화상석에서는 생선을 씻는 모습도 보인다. 또 주방 근처에 우물이 있어 물 긷는 모습이 보인다. 우물물을 길어 올릴 때는 길고(桔槹)라는 도구를 사용하였는데 우물 위에 나무로 지지대를 만들고 한 쪽에는 두레박, 한 쪽에는 돌을 매달아 물을 퍼낼 수 있게 두레박 틀을 매달아 놓은 것이다.

화상석에서 요리를 쓰는 모습은 혼자 혹은 두 사람이 도마 앞에 무릎을 꿇은 모습으로 묘사된다. 한 손에는 채소를 잡고 한 손에는 칼을 들고 재료를 썰고 있으며 도마 옆에는 재료를 담을 그릇이 놓여 있다. 세 사람이 일렬로 앉아 채소를 썰고 있는 모습이다. 뒤에는 한 사람이 서서 지휘하는 모습이 보이는데 아마 그들의 사부이거나 주방관리인이 아닐까 추측된다.

이외에도 꼬치에 고기를 꿰어 굽는 장면도 보인다. 그림에서는 두 사람이 비스듬히 무릎을 꿇고 고기 굽는 기구 앞에 앉아 있다. 고기 굽는 곳에는 꼬치 5개가 놓여 있고 왼손으로는 꼬치에 꿴 고기를 들고 있으며 오른손으로는 부채를 부쳐 불씨를 살리고 있다. 현재 중국에서 양고기 굽는 사람을 보면 한 손에 양고기를 꿴 꼬치를 들고 오른손으로는 바람을 부치면서 불을 피우는데 그 모습은 2,000년 전이나 지금이나 변함이 없는 것 같다. 특이한 점은 이렇게 요리하고 있는 곳이 주방이 아니고 넓은 앞마당 같은 노천이다. 연회가 있어 다같이 한꺼번에 모여 연회음식을 준비하는 것일까? 아니면 주방에서 음식을 준비하는 모습을 그저 상상해서 그린 것일까?

화상전(畵像磚)에서는 부엌의 형태를 볼 수 있는데 부뚜막에 가마솥으로 보이는 큰 솥이 걸려있고 그 옆 솥 위에는 시루가 얹혀있다. 요리사는 시루의 뚜껑을 열고 있고 옆에서는 도마 위의 음식을 썰고 있는 중이다. 지금의 시골 부엌에서도 흔히 볼 수 있는 풍경이다.

곡물의 경우 대개 눈으로도 판별이 가능하다. 곡물은 탈곡

디딜방아의 모습이 담긴 화상전

만으로도 취사가 가능한 것이 있지만 대개 단단한 껍질을 벗긴 후에야 조리할 수 있었다. 전국시대에는 맷돌(石轉磨)과 지렛대 원리를 이용해 제작한 디딜방아의 등장으로 껍질이 단단한 소맥을 알갱이에서 가루로 만들 수 있었다. 특히 발을 동력으로 하는 디딜방아는 절구보다 열 배정도의 효과가 있었는데, 전한 후기로 가면서 이는 다시 축력이나 수력으로 대체되면서 생산력이 100배 가까이 증가했다. 농사일이 바쁠 때는 농기구를 수레에 실어와 논두렁에 늘어놓으면 백성들이 재물이나 오곡을 가지고 와서 사가기도 하였고 헌 농구를 새 농구와 바꾸어가기도 하였으며 때로는 외상으로 사가기도 했다. 따라서 농기구가 없어 농사일을 망치는 일은 없었고 자신이 원하는 농구를 마음대로 골라 살 수도 있었다.

마왕퇴의 남방음식

마왕퇴(馬王堆)는 서한 초기 장사국(長沙國)의 승상이었던 대후 이창(利蒼)의 가족묘로 1972~1974년을 전후해 후난성 창사시(長沙市) 동쪽에서 묘 3개 중 2호묘를 발굴한 것이다. 발굴되기 전 묘의 모양이 말안장을 닮았다고 해서 '마왕퇴'라 불렀다.

마왕퇴 한묘(馬王堆漢墓)에서 발굴된 유물을 보니 출토된 문물 중 반 이상이 모두 음식의 실물이거나 음식 기구였다. 중국 최초의 의학서적 『황제내경소문(黃帝內經素問)』에서는 오곡(五穀)을 먹어야 오랫동안 건강하고 오과(五果)는 도움이 될 것이며 오축(五畜)을 먹어야 유익하고 오채(五菜)를 먹어야 부족한 부분을 채울 수 있다고 하였다. 마왕퇴 한묘에서 출토된 식품을 보니 한대에 이미 오곡을 주식으로 삼았고 채소나 고기를 반찬 삼아 식사를 하고 있었다. 당시의 주식은 기본적으로 쌀과 보리, 기장, 조, 콩 등의 오곡이었다. 남방에 해당하는 창사(長沙)에서는 이미 수도(水稻) 작물 재배를 주로 하여 수도 품종이 다량으로 출토되기도 하였다. 그리고 북방에서 주식으로 삼고 있는 보리가 남방까지 전래되어 남방의 황실귀족이나 부유한 상인들이 주로 식용하였음을 확인하였다.

마왕퇴 한묘 발굴 당시 모습

마왕퇴 고분에서 볼 수 있는 또 한 가지 특징은 다양한 고기류를 먹었다는 것이다. 소, 사슴, 돼지, 개, 닭, 잉어, 붕어 등의 육류와 어류, 그리고 진귀한 동물류, 집에서 기르는 가금류뿐만 아니라

거위나 학 등 수렵으로 잡을 수 있는 야생동물까지 식용으로
사용하고 있었으며 각종 채소나 과병(果餅: 과자 종류)에 이르기
까지 하늘에 나는 것, 땅에서 기는 것, 물에서 헤엄치는 것 등
식용 가능한 것은 거의 모두 포함하고 있는 것으로 밝혀졌다.

마왕퇴 한묘 중에서 다량으로 출토된 떠우쑤(豆豉 콩을 찌거
나 끓인 후 발효시켜 만든 조미료의 일종), 떠우장(豆醬: 콩으로 만든 장)
은 한대에 이미 콩이 보편적으로 사용되었음을 보여주는 증거
다. 콩은 영양이 비교적 풍부하여 동물성 단백질의 부족한 부
분을 채워 줄 수 있었으므로 당시 사람들의 건강을 도운 효자
식물이기도 하다.

한대에는 식품 가공기술이 발달하여 가루를 내서 이용하는
면식(麵食)뿐만 아니라 갱(羹), 병(餅), 점심(點心), 채요(菜肴: 요리)
등 다양한 종류의 먹을거
리를 모두 갖추고 있었다.
그중에서도 병(餅)은 계급
에 상관없이 누구나 먹을
수 있는 음식이었는데 마
왕퇴 한묘에서 출토된 병
은 도식(稻食)과 맥식(麥
食), 황자식(黃粢食), 백자
식(白粢食) 등 다양한 가
루를 사용하였음에도 불
구하고 지금의 식품가공

마왕퇴한묘에서 출토된 술동이

27

기술을 기준으로 보면 매우 조잡한 수준이었다. 하지만 당시로서는 일정 수준의 기술을 갖춘 것으로 중국 식품가공의 기초를 다진 것이라고 말할 수 있다.

또한 마왕퇴에서 출토된 견책(遣册: 부장품의 목록) 기록에 의하면 부장품 중 육류 요리에 관한 부분이 있는데 갱(羹: 국), 자(炙: 구이), 회(膾: 얇게 썬 고기), 탁(濯: 탕에 넣어 익힌 고기), 오(熬: 지져서 물기를 없앤 고기), 포(炮: 털을 뽑고 진흙에 싸서 불에 구운 고기), 증(蒸: 찜), 랍(臘: 사냥해서 잡은 고기), 유(濡: 끓여 익힌 다음 장에 찍는 조리법), 포(脯: 육포) 저(菹: 채소절임) 등 무려 10여 항목이나 된다. 사용된 재료 중에서 개고기는 채 1년이 되지 않은 것을 가장 좋은 재료로 여겼고, 돼지도 2개월에서 6개월이 채 안 된 것을 썼다. 요리에 사용하는 조미료는 장(醬)과 염(鹽) 등의 기초 양념 외에도 총 9종류 19가지나 되었다.

특히 마왕퇴에서 발견된 육류 식품에는 돼지, 소, 양, 닭 이외에 개고기가 포함되어 있는데 마왕퇴 한묘에서 나온 요리책 중 많은 부분에서 개탕이나 개고기, 개 어깨고기 등을 언급하고 있다. 이는 한대에 제사 음식으로 개를 사용하였다는 뜻이며 개고기를 올리면 귀신을 쫓을 수 있다고 생각했기 때문인 것으로 보인다. 이외에도 개고기는 추위를 덜 느끼게 해주고 몸을 보신하는 작용을 한다. 한대 남방은 매우 습하고 음습했기 때문에 마왕퇴에서 다량의 개고기가 나온 것은 우연이 아니다. 후난을 비롯한 남방 지역에서는 지금도 겨울에 사람들이 개고기를 즐겨 찾는다. 『사기(史記)』 자객열전(刺客列傳)에 보면 집이 가난해도 손님이 오시면 개를 잡아 대접했다고 하였다.

육우, 차를 달이다

신농씨는 운남 사람일까?

　중국에는 신농씨(神農氏: 중국 삼황의 하나. 농사의 신)가 100가지 약초를 맛보고 72가지 독에 중독되었는데 차(茶)를 먹고 나았다는 전설이 있다. 전설에 의하면 신농씨의 복부는 유리로 되어 있어 그가 무엇을 먹었는지 모든 사람들이 볼 수 있었다고 한다. 그 당시엔 사람들이 음식을 거의 익혀 먹지 않았기 때문에 자주 병이 났다. 신농씨는 사람들의 고질적인 질병을 고쳐 주기 위해 눈에 보이는 식물을 모두 먹어보고 뱃속에서 일어나는 변화를 살펴 음식물에 독이 있는지 없는지를 판단하였다고 한다. 어느 날 그가 흰 꽃이 피는 상록수 잎을 먹었는데 위

염제 신농(炎帝 神農)

에서 아래까지 마치 뱃속을 검사(檢査)하는 것처럼 씻고 훑으며 내려가 '검사'의 뒷 글자를 따서 차(査)라 하였고, 후세 사람들은 다시 이를 다(茶)라고 부르게 되었다고 한다.

신농씨는 오랜 세월 매일같이 식물을 맛보았기 때문에 하루에도 몇 번씩 중독되었는데 이를 모두 차로 해독했다. 그러던 어느 날 신농씨의 눈에 노란 꽃이 핀 작은 풀이 보였다. 호기심이 발동한 신농씨는 그 잎사귀를 입에 넣고 천천히 씹기 시작했다. 그런데 잠시 후 그는 배가 아파 견딜 수 없었고 차를 마셔 독기를 빼기에는 시간이 너무 부족했다. 창자를 끊어뜨리는 독초(斷腸草)였던 것이다. 신농씨는 이렇게 자신의 몸을 던져 후세 사람들에게 먹을 수 있는 음식과 먹을 수 없는 음식을 구별해주고 떠났다.

중국이 차의 고향이고 운남(雲南)이 차나무의 발원지라면 신농씨는 운남 사람일까? 운남에는 보이차(普洱茶)라 불리는 것이 있는데 그 기원은 이렇다. 청나라 건륭황제(乾隆皇帝) 때 운남 보이부(普洱府)에 복(濮) 씨라는 차가게 주인이 있었다. 그의 집안은 대대로 차를 만들어 팔았고 그가 만든 차는 상등품으로 인

31

정받아 장사가 아주 잘 되었을 뿐만 아니라 황 실에 바쳐야 하 는 공품으로 뽑 히기도 했다. 그 러던 어느 해 복 씨는 다시 공품

중국 운남의 보이차 밭

으로 차를 내라는 전갈을 받았다. 그러나 날씨도 좋지 않고 시 간이 촉박하여 차를 제대로 말릴 새도 없이 그냥 차를 말에 실 었다. 운남에서 북경 자금성까지 가는 데는 거의 석 달이나 걸 렸고, 가지고 온 차는 말리지 않은 채로 발효가 되어 원래 녹색 이던 차가 갈색이 되어 버렸다. 차가 변한 것을 발견한 복 씨는 놀라 기절할 뻔 했지만 도무지 다른 도리가 없어 그대로 차를 바쳤다. 차에 조예가 깊었던 건륭황제는 여러 종류의 차를 마 셔보던 중 달처럼 둥근 갈색의 차를 발견했는데 마셔보니 맛이 부드럽고 단맛이 살짝 나면서 입안이 깨끗해짐을 느꼈다. 건륭 황제는 매우 기뻐하며 어느 지역에서 온 차인지를 물었다. 옆에 있던 태감이 "이 차는 보이부(普洱府)에서 왔습니다." 했더니 건 륭제는 무릎을 치면서 그러면 '보이차'라 부르면 어떠하냐 하여 그 이름이 보이차가 되었다는 것이다. 그 이후 청 황실에서는 여름에는 용정차, 겨울에는 으레 보이차를 마셨다는 설이 있다.

차를 마시면 좋은 점 열 가지로 중국에는 '다유십덕(茶有十

德)'이라는 것이 있는데, 차를 마심으로써 답답한 마음이 없어진다. 차를 마시면 잠을 쫓을 수 있다. 차를 마시면 유행병을 물리칠 수 있다. 차를 마시면 예와 인에 이로울 수 있다. 차로 공경을 표시할 수 있다. 차로 맛난 맛을 볼 수 있다. 차로 건강한 신체를 유지할 수 있다. 차로 우아한 마음을 가질 수 있다. 차로 도를 행할 수 있다는 것이다. 이 외에도 차는 소화를 돕고 비린내를 없애주며 더위를 잊게 해주고 마음을 맑게 해준다고 한다. 술을 많이 마신 사람이 마시면 술도 깰 수 있게 해준다니 그야말로 만병통치약이다.

차의 종결자, 육우

당나라 때 육우(陸羽)라는 사람이 『다경(茶經)』이라는 책을 한 권 썼는데 그동안의 차에 관한 모든 잡다했던 이론들이 모두 이 책 속에 들어가 순서대로 정리되었다. 이 책을 쓴 육우는 누구인가? 용개사(龍蓋寺) 주지 지적선사(智積禪師)가 어느 날 아침 기러기 떼의 울음소리를 듣고 서호(西湖) 근처에 나갔다가 세 살 먹은 고아 한 명을 발견한다. 그는 아이를 데리고 와 절에서 길렀는데 그가 바로 중국에서 다신(茶神)이라 불리는 육우였다. 전하는 이야기에 따르면 육우가 절에서 도망 나와 성도 이름도 없이 숨어 살면서 잡극을 공부했다는 설도 있고, 절을 떠나본 적 없이 학문에만 열중했다고 하는 등의 설도 있다. 하지만 중요한 것은 그가 차를 좋아하고 차에 관한 연구에 심취

다신(茶神) 육우

하여 『다경』 세 권을 썼다
는 사실이다.

『다경』은 중당(中唐) 이
전의 다학을 집대성한 책
으로 중국에서 가장 오래
된 차에 관한 백과사전이
다. 『다경』에는 차의 역사
와 명칭, 차나무를 심는 방
법, 찻잎의 성질과 맛, 우수
한 차를 분별하는 방법 등
이 수록되어 있는데 당대
에는 야생차의 잎을 가장 좋은 상품으로 여기고 뒤란이나 밭
에 심어 기른 나무에서 딴 잎을 그 다음 가는 상품으로 인정했
다. 양지 바른 산 중턱의 수풀 그늘에서 자란 자색 빛의 차가
최상품이고 녹색은 그 다음이다. 또 잎이 바깥 부분을 향해 말
려 있으면 좋은 것이고 잎이 평편하면 다음 등급에 속한다. 이
러한 구분 방법은 육우가 다경에 적어 놓은 내용이기도 하지만
당대에 차를 선택하는 기준이 되기도 했다.

『다경』에서 육우는 차는 성질이 차기 때문에 화를 내려주
는 데 가장 적합한 음료이고 갈증을 해결해 줄 뿐만 아니라 번
민을 제거하고 관절을 편하게 해주며 정신을 맑게 한다고 말
한다. 그러나 차를 따는 계절이 적합하지 않거나 차를 만드는
과정이 정교하지 않으면 아무리 좋은 차를 마셔도 효과가 없

찻잎을 덖는 과정

을 뿐만 아니라 오히려 병을 부를 수 있다고도 한다. 또 찻잎을 만들 때는 전문적인 도구가 필요하며 만드는 과정에서도 찻잎을 따고 찐 다음 손으로 비비고 덖고 굽는 과정을 엄격히 지켜야 한다고 강조했다. 차는 2월에서 4월까지 아침 이슬이 채 마르기 전에 따는 것이 좋고 비 오는 날이나 맑은 날, 구름 낀 날은 차를 따 봐야 좋은 차로 만들어지지 않는다. 『다경』은 찻잎 따기, 차 만들기, 차 우리기, 차 마시기에 대해 비교적 명확하게 명시되어 있고 차를 우려낼 때 쓰는 도구, 즉 화로와 솥, 전, 잔, 대접 등에 대해서도 상세한 소개를 잊지 않았다. 중국은 물에 석회가 많이 섞여 있어 물이 좋지 않다는 이유로 차를 마신다고 하는데 사실 물이 좋지 않으면 차 맛이 좋을 수 없다. 『다경』에서는 차를 우려낼 때 산수가 제일 적합하다고 한다. 따라서 광천수가 제일이고 그 다음은 강물, 그 다음은 우물물이다. 광천수 중에서도 유천(乳泉)에서 천천히 흘러내려온 것이 상품이고 소용돌이치면서 급히 흘러내려온 물은 목에 병을 만들 수 있다. 산 계곡 가운데 고여 있는 물을 떠서는 안 된다. 독이 있을 수 있음을 염려해서다. 강물을 사용한다면 사람들

35

이 거주하고 있는 곳으로부터 될 수 있는 한 멀리 가서 떠오고, 부득이하게 우물물을 떠와야 한다면 사람들이 많이 이용하는 우물에 가서 떠오는 것이 좋다.

육우는 차를 우려내려고 물을 끓일 때 '삼비(三沸) 상태'가 가장 절묘하다고 하였다. 물이 처음 끓기 시작하면 물방울이 생선의 눈알만하다. 이것을 일비(一沸)라 한다. 계속 끓이면 수면 가장 자리에 진주를 꿰어놓은 듯한 물방울이 생기는데 이것을 이비(二沸)라 하였다. 계속 끓이면 물방울이 뒤집어지면서 파도를 이루듯 하는데 이것을 삼비(三沸)라 하였고 이때가 차를 우려내기 가장 적합한 온도라는 것이다.

육우의 말대로라면 물이 끓을 때까지 물의 상태를 관찰해야 하는데 일반적으로 주전자는 주둥이가 작아 속을 보기가 쉽지 않은데 물방울까지 보기는 더욱 어렵기 때문에 유리주전자가 유리할 것이라 생각이 든다. 만약에 삼비인 상태에서 차를 우리지 않고 물을 계속 끓이면 물이 노화되어 먹을 수 없게 된다.

처음 끓기 시작할 때 물에 적당량의 소금을 넣고 표면에 떠오르는 거품을 계속 건져내야 한다. 수면에 진주방울이 생기

다양한 다구(茶具)

면 한 국자를 떠놓고 대나무 집게를 사용하여 회오리 모양을 만든다. 그리고 부스러뜨린 차를 회오리 모양을 따라서 물에 붓는다. 얼마 지나지 않아 차가 다시 끓을 때 조금 전에 떠 놓았던 물을 부어주면 끓던 물이 잠잠해진다. 마실 때는 차를 적당히 떠서 잔에 담고 천천히 음미한다. 당대의 사람들은 솥에서 두 번째 퍼온 찻물이 제일 맛이 좋다고 여겨 이것을 '전빙'이라 불렀다. 계속해서 넉 잔 다섯 잔도 마실 수 있지만 갈증이 나서 죽을 지경이 아니면 마시지 않는 게 낫다. 석 잔까지만 맑고 깊은 맛이 나기 때문이다.

중국인에게 차는 곧 젖

우리들이 '음식(飮食)'이라고 부르는 것은 일반적으로 '먹는 것'을 말하지만 엄밀하게 말하면 마시는 것과 먹는 것을 합해 놓은 것으로 마시는 것과 먹는 것은 서로 범주가 다르다. 마시는 것 또한 음식과 마찬가지로 종류가 많다. 대부분 물로 만드는 데 대표적으로 술과 차, 커피가 그렇다. 사람이 먹을 것을 떠나 살 수 없는 것처럼 마실 것도 마찬가지다.

중국인에게 차를 마시는 일은 갓 태어난 아이가 엄마 젖을 먹는 일과 같다. 차를 마시지 않고는 하루도 살 수가 없다. 아침에 등교하는 학생들도 책가방과 함께 보온병을 챙기고, 택시기사들도 따로 차를 싸서 담고 보온병에 물을 부어 다닌다. 차가 떨어지면 쌀이 떨어진 것보다 더 큰일로 여긴다. 국가가 공식적으로 지정해준 음료(國飮)인 셈이다.

차를 좋아하는 사람들은 밥값보다 더 비싼 차를 사서 마시기도 한다. 차를 사러 갈 때는 차 전문매장에 가서 두 눈을 감고 코로 냄새를 맡으며 오감을 열어놓고 차를 머금는다. 소믈리에가 와인을 감별하듯 입 속에 차를 이리저리 보내 맛을 본다. 고향과 생년월일을 묻기도 한다. 차에 따라 고향 이름만으로도 좋은 차라는 평을 듣기도 한다. 생년월일은 차에 따라 어떤 차는 어린 것이 좋고 어떤 차는 오래 묵은 차일수록 좋다.

좋은 차를 고르는 방법 역시 다른 일과 마찬가지로 시간을 투자해서 배워야 하는데 비싼 등록금을 내고 공부하듯 여러 가지 차를 사서 많이 마셔 보아야 한다. 귀한 손님이 오시면 꼭 꼭 숨겨 두었던 좋은 차를 꺼내 차에 대한 설명과 함께 손님에게 대접하는 일도 중국에서만 볼 수 있는 풍경이다. 차 전문가가 아닌 일반인들도 차를 우려 한 모금 음미하면 청심환을 먹은 것처럼 마음이 편안해짐을 느낀다. 중국에서는 차를 주문할 때 상대방의 얼굴을 먼저 보기도 한다. 얼굴이 울긋불긋 하거나 여드름이나 뾰루지처럼 뭐가 솟아 있으면 국화차를 마시라고 권한다. 국화차가 몸에 있는 열을 내려주는 역할을 하기 때문이다. 반대로 속이 냉하다고 하면 녹차보다는 보이차를 마시라고 권한다.

필자가 중국을 여행하면서 지금까지 잊지 못하는 세 종류의 차가 있다. 첫 번째는 절강성 호주(湖州)의 친구 집에 초대받아 가서 마신 차로 녹차 몇 잎과 잘게 썰어 소금에 절인 당근, 볶은 콩을 넣은 차였다. 생전 처음 맛보는 차여서 기대를 가지고 마셨는데 소금의 짭짜름한 맛 때문에 도무지 차 같지 않았다. 두 번째 차는 후난(湖南)성 창사(長沙)시에 우리나라 남산 높이로 서 있는 악록산에서 마신 차다. 산보다 '악록서원(嶽麓書院)'이라는 서원이 더 유명한데 서원을 보고 뒷동산 오르듯 천천히 오르면 한 시간도 안 되어 정상에 다다르게 된다. 이곳 정상에 차를 마실 수 있는 작은 휴게소가 있는데 차를 주문했더니 콩과 깨를 볶아서 잔에 담고 여기에 뜨거운 물을 넣어 주었다. 세 번째 차는 베이징에 있는 '서패면관(西貝面館)'에서 마신 차인데 조를 볶아 잔에 담고 물을 부은 차였다.

이와 같이 중국의 일반 가정에서는 우리가 밥을 먹고 숭늉을 마시듯 편하게 구할 수 있는 재료를 가지고 영양가를 생각해 물을 부어 마시면 그것이 곧 그 지역에서 마실 수 있는 가장 훌륭한 차인 것이다.

당대 차의 전성기

중국인은 고대에 이미 차를 마셨다. 서하 시기에 차는 이미 공품이 되었고 전국시기가 되어 찻잎의 생산은 이미 일정한 규모가 되었다. 진한시대 이전에는 기본적으로 차를 약으로 이용해 『신농본초경』에서는 '찻잎은 쓴데 그것을 마시면 사람의 생각에 도움이 되고 몸이 가벼워지고 눈이 밝아진다'라고 말하고 있다. 『신농식경』에서는 '차를 오래 복용하면 힘이 솟고 뜻을 즐겁게 해준다'고 하였으며 화타(華陀)의 『식론』에서는 쓴 차를 오래 복용하면 생각에 이득이 된다 말하고 있다.

위진남북조 시대부터 차와 신맛이 나는 음료, 술은 연회에서 빠질 수 없는 음식이었다. 차로 병을 예방할 수 있다고 믿었고 차를 요리에 넣어 먹기도 하였으며 술 대신 차를 마시기도 했다. 당대 이전의 사람들이 차를 마신다고 하는 것은 목이 마를 때 찻잎에 물을 부어 먹는 수준이었다. 물에 술 탄 듯 술에 물 탄 듯 음료나 차에 뚜렷한 구분이 없었다. 당 현종 때 이르러서는 좌선을 하는 데 맑은 정신이 필요한 승려들이 차를 많이 마셨다. 남방의 차가 육로로 수로로 올라와 산더미처럼 쌓여있었고 다포(茶布)도 각지에서 성행했다.

당대 이전의 차 생산은 그다지 왕성하지 못했다. 다엽은 단지 전통 농업의 부속일 따름이었다. 그러나 당대에 이르러서는 번민을 떨치기 위해 술을 마시고 마음을 맑게 하기 위해 차를 마셨다. 당·송대 이후 좋은 차를 구해 격식을 차리는 형태로 변하여 지금까지 이어지고 있다. 사람들은 대부분 연회석 상에서 술을 마시지 못할 때 대신 차를 마셨다. 그때는 차를 도(茶), 명(茗), 고채(苦茶)라고 부르다 당나라 중엽 이후에 비로소 보편적으로 다(茶)라는 글자를 사용하게 되었다. 그러다 보니 당·송 이후에는 차를 마시는 일이 보편화되어 남방과 대도시를 중심으로 빈부 계층을 초월하여 가가호호 모두 차를 마셨고 일반적인 문화가 되었다.

당나라 때 차를 생산하는 지역은 호북, 호남, 섬서, 하남, 안

송대(宋代)에는 차의 맛을 겨루는 풍습도 있었다.

휘, 절강, 강소, 사천, 귀주, 강서, 복건, 광동, 광서 등 13개 성이
었다. 새로운 차를 황제에게 바치는 공다(貢茶)현상도 당대에 정
례화되었고 송대에 이르러 제도화되었다.

당대에는 매번 청명절에 새로운 차를 골라 황실에 바쳤는데
호주 지역에서는 잎에 자색이 도는 '자순(紫筍)'을 준비했다. 황
실에 바쳐진 차가 많을 때는 그렇다고 황제가 차를 밥으로 삼
을 수도 없어서 가까운 신하들에게 용단봉병(龍團鳳餅: 일반인들
이 마시는 차와 공차를 구분하기 위하여 용과 봉황 무늬를 새긴 것)을 하
사하였다. 용단봉병을 하사받은 신하는 황제로부터 막대한 은
혜를 입었다고 생각하였다.

그리고 전문적으로 차나무를 심고 찻잎을 따서 차를 만들
어 파는 다농(茶農) 가구가 많이 등장했다. 강회(江淮) 이남의 일

부 차 생산지에서는 100가구 가운데 20~30가구가 차를 팔아 먹고 사는 사람들이었고 기문(祁門) 일대 야산에서는 천 리 안에 차로 먹고 사는 사람이 10가구 가운데 7~8가구라 하였다.

찻잎의 생산이 보편화되자 사람들은 다투어 차를 마시기 시작했다. 당대에는 궁정 및 사대부는 물론 서민들까지 차를 마셨고 행인들은 여행 도중 갈증과 피로를 해소하기 위해 차를 사 마셨다. 찻잎은 소화건위 작용과 함께 느끼함을 없애주었으므로 육식을 위주로 하는 북방 민족은 특히 차를 마시기 좋아했다. 그들은 차에 우유 등을 타서 내차(奶茶)를 만들어냈다. 차를 마시는 사람이 많아지자 차를 파는 상인도 많아져 당대의 시인 백거이(白居易)는 비파행(琵琶行)에서 "나이 든 몸이 상인의 아내로 시집갔어요. 상인은 이문만 알지 이별은 모르니 지난달에 부량으로 차 사러 떠났어요."라면서 남편을 멀리 떠나보낸 여인의 마음을 표현하고 있다.

당대에는 불교가 성행하였으므로 승려들이 좌선할 때도 차

당(唐) 시대에 보편화되기 시작한 차 문화

를 음료로 삼았다. 밤에 불경을 읽을 때 차를 마시면 졸음을 쫓을 수 있었고 저녁 공양 대신 차를 마시게 하였다. 그래서 남방

의 절에서는 차를 재배하는 원포(園圃)를 가지고 있었다. 절에서 재배된 차는 전문적으로 그 절에 있는 스님이 감별했다. 이것이 유명한 산에 유명한 절이 있고, 유명한 절에 유명한 차와 유명한 스님이 있는 이유다. 스님이 차를 마신 이유도 일반인과 다르지 않다. 정신을 맑게 해주고 오랫동안 마시면 장수한다고 믿었기 때문이다.

그 당시에도 차를 마실 때 오늘날과 같이 달걀을 여러 가지 향료에 담가 오랫동안 졸여 만드는 오샹지단(五香鷄蛋) 등을 함께 먹었다. 또 차에 생강이나 소금을 넣어 마시는 것이 일종의 유행처럼 번졌으며 파와 생강, 대추, 귤껍질, 수유, 박하 등을 넣어 차의 풍미를 높이기도 하였다.

동파육에는 고량주가 최고

우연의 결과 동파육

소식(蘇軾: 1037~1101)은 북송시대 사천(四川) 미산(眉山) 사람으로 2,400수나 되는 시를 지은 시인이다. 아버지 소순은 소식이 스무 살이 되기 전 소식과 동생 소철을 데리고 서울(지금의 개봉)로 갔다. 형제는 열심히 공부해 과거시험을 보았는데, 두 형제 모두 독실한 불자인 어머니로부터 일찍 글을 배웠던 터라 우수한 성적으로 과거시험에 합격하고 벼슬을 시작한다. 그러니 그는 정치가이기도 하다.

소식은 구법당과 신법당의 소용돌이 속(북송의 신종 이후 신·구 양당의 분쟁)에서 구법당 편을 들었고, 신법당이 득세하면서 천

송나라의 대표 시인
소동파(蘇東坡)

자를 비방하는 풍자의 글을 썼는데 이때 호북성 황주로 형을 받아 내려가 살게 되었다. 소식은 이곳에서 황무지를 일구어 농사를 지었는데 농사짓는 곳을 '동쪽의 언덕'이라 하여 '동파(東坡)'라 부르고 자신을 동파거사(東坡居士)라 이름 지었다. 이윽고 다시 구법당이 득세하게 되자 동파는 황제의 스승인 '겸시독학사'라는 직책까지 맡았으나 신법당이 다시 득세하면서 수년 간 유배지를 전전하였다. 후세 사람들은 그가 학식이 높은데다 비판 정신을 가지고 있다고 평가하고 있다.

소식은 술꾼이었고 맛 좋은 술을 빚을 줄 아는 사람이었다. 술에 관해 적지 않은 시문을 지었고 술 만드는 법을 기록한 책을 냈다. 특히 그가 쓴 『주경(酒經)』은 언어가 미려하고 상당히 높은 수준이라 평가 받는다. 동파는 매끼 식사를 할 때 술은 딱 한 잔, 고기는 딱 한 그릇을 먹었다. 손님이 오시면 차는 석 잔을 마셨고, 술을 줄이기는 해도 더 늘리지는 않겠다고 다짐했다. 다른 사람이 그를 초대하여 식사를 하러 가면 자신이 정한 기준을 상대방에게 이야기하여 협조해달라고 요청하곤 했다.

송나라의 시인 소동파가 자연으로 돌아간 지도 어언 천 년이 된다. 그러나 그는 천 년의 시간 동안 늘 중국인의 곁에 살아 숨 쉬고 있다. 사람들은 때때로 그가 쓴 시를 읊으면서, 때로는 그가 만들어 놓은 동파육(東坡肉)을 먹으면서 울분을 토하기도 하고 위로받기도 한다. 그런 이유에서인지 사람들은 이 '동파육'이라는 요리에 대해 관심이 많다. 먹어본 사람은 그 맛을 잊을 수 없고, 아직 먹어보지 못한 사람들은 소동파가 만들었다고 하여 호기심만 더 키운다. 세월이 쌓여서일까? 동파육의 탄생에 대해서는 그 어느 요리보다 전해지는 일화가 많다. 그 일화 중 한 가지를 소개한다.

소동파가 천하를 유람하고 있을 때의 일이다. 때는 삼복이었기 때문에 날씨가 찜통 속에 있는 듯 무더웠다. 때마침 길 가에 큰 아름드리나무가 있어 나무 그늘에서 쉬는데 더위가 싹 가셨다. 엎어진 김에 쉬어가자 해서 나무 아래 돌 의자에 앉아 소동파는 책을 읽기 시작했다. 그때 어디선가 아낙네의 곡소리가 들려왔다. 고개를 들어 보니 멀리 농부로 보이는 사람이 아이를 안고 부인과 함께 이쪽을 향해 오고 있었다. 소동파는 '무슨 일이기에 저리 슬프게 울까? 혹 아이가 아픈가?' 추측만 할 뿐이었다. 부부가 가까이 다가오자 소동파는 무슨 일인가 물었다. 부부는 중년의 나이에 늦게 아이를 하나 얻었는데 아이가 아파 의사에게 보이러 가는 길이라고 했다. 아이는 의식을 잃어 미동도 하지 않는 상태였다. 소동파는 자신이 의사는 아니지만 그래도 의학에 관한 책을 한두 권 읽은 적이 있어 혹시 도움을 줄 수 있을까 하고 아이를 받아 안았다.

아이는 입을 꽉 다물고 손발은 움켜쥐고 있었다. 의서에서 말하는 바로 중서(中暑)를 앓고 있었다. 동파는 아이를 평상에 눕혀놓고 나뭇잎 하나를 따서 아이의 코 밑에 대고 문질렀다. 그리고 의학서적에서 본대로 아이의 전신을 누르고 차근차근 주물러 주었다. 그랬더니 잠시 후 아이가 몸을 움직이더니 울기 시작했다. 아이의 부모는 뛸 듯이 기뻐하면서 우리 아이를 살려주셨는데 집에 가서 밥이라도 한 끼 해드리고 싶다며 자기 집으로 가자 애원하였다. 소동파는 특별히 할 일도 없고 거절할 이유도 없어 부부와 함께 그들의 집으로 갔다. 집에 가보니 부부는 여유로워 보이지는 않았지만 세간이 가지런히 정리되어 있고 깔끔하였다. 부부는 정성을 다해 소동파를 모셨는데 삼일이 금세 지나갔다. 부부는 "오늘은 어르신께 특별한 요리를 해드리자."고 결정하여 아침에 장에 가서 돼지고기를 두 근 사서 돌아왔다. 하지만 "어르신의 식성을 모르니 어떻게 요리하면 좋은지 한번 여쭈어 보자."하여 소동파의 방문 앞에 가서 조용히 물었다. "어르신, 저희가 오늘 돼지고기를 사가지고 왔는데 어떻게 요리를 해드릴까요?"

그때 소동파는 해가 반쯤 떠오르는 아침노을을 보고 '자연이 어찌 이리도 아름다울 수 있는가!' 생각하고 시를 짓는 데 몰두하고 있던 터라 밖에서 무슨 말을 해도 들을 수 없는 상황이었다. 소동파는 떠오른 시구 '화초진주투심향(禾草珍珠透

心香)을 읊어 보았다. 그런데 문 밖에서 소동파의 답을 기다리고 있던 농부의 귀에는 이것이 '화초정자투심향(禾草整煮透心香)이라고 들렸다. 농부는 무릎을 치면서 '아, 어르신께서 볏짚을 넣고 삼겹살을 삶아야 향이 밴다고 하시는구나!'라고 생각하고 볏짚으로 삼겹살을 묶어 뭉근한 불에 요리를 했다. 밖에서 무슨 일이 있었는지 모르는 소동파는 식탁에 앉았고 농부는 다 된 삼겹살 요리를 소동파에게 냈다. 농부가 "어르신! 드시지요."했는데 소동파가 보니 고기를 자르지도 않고 덩어리째 그대로 볏짚으로 묶은 게 아닌가! 소동파는 이를 어떻게 먹어야 좋을지 물어보고 싶은데 미안해서 입이 떨어지지 않았다. 그러자 소동파의 마음을 눈치 챈 농부가 이렇게 말했다. "어르신, 제가 아침에 문 밖에서 고기 요리법을 물었을 때 어르신께서 가르쳐 주신 방법대로 만든 것입니다. 한번 드셔 보시지요!" 하고 권하였다.

소동파는 '아, 내가 시를 읊을 때 풀잎에 맺힌 이슬이 아름다워 마음에 그 향이 스며든다는 뜻으로 화초진주투심향(禾草珍珠透心香)이라 했는데, 농부는 볏짚을 넣고 삶으면 향이 난다는 뜻의 화초정자투심향(禾草整煮透心香)이라고 알아들었구나!' 하고 생각하였다. 동시에 그 맛이 또 궁금하기도 하여 볏짚을 잘라 먹어보니 볏짚의 향이 삼겹살에 배어 상당히 맛이 있고 향도 좋았다.

이후 소동파가 이 집에 온 지 며칠이 지났는데도 농부 부부의 환대는 계속되었다. 소동파가 이제 그만 집으로 가겠다고 해도 농부 부부는 며칠만 더 계시다 가라며 계속 붙잡았다. 어느 날 소동파는 '오늘은 꼭 가야지!' 결심한 뒤 은 닷 냥을 책상 위에 꺼내놓고 한 마디 글귀를 남겼다. 〈두 분의 대접이 너무 극진해 한 마디 말을 못하고 동파는 떠납니다.〉

집에 돌아온 농부는 글귀를 보고 깜짝 놀랐다. 우리 아이의 생명을 구해주신 분이 그 유명한 소동파 선생이었다니! 이후 이 이야기는 입에서 입으로 전해졌고 천 년의 세월이 지난 지금도 계속 전해지고 있다. 지금도 중국 동파육 전문점에 가면 삼겹살을 볏짚으로 묶어 옛 방식 그대로 동파육을 만든다. 동파육 한 점에 소동파가 생전에 그렇게 좋아했던 술 한 잔을 곁들이고 동파의 시 한 수를 읊어보자. 우리도 어느 새 소동파가 된 기분이 든다.

동파육의 비법: 약한 불로 뭉근하게

흔히 사람들이 소동파의 시를 평가할 때 '거침없다'는 표현을 한다. 소동파는 순간의 감정에 충실한 시인이었다. 소동파는 동파육을 만들 때 약한 불(慢著火)로 물을 적게(少著水) 붓고 만들라는 비법을 남겼다. 그의 비법대로 동파육을 한번 만들어 보자. 돼지고기 중에서도 비계와 살이 절묘하게 물결을 이룬 삼겹살을 선택해야 하는데 여기에는 반드시 껍질이 붙어 있어야 한다. 그리고 한 덩어리를 70g 정도씩 썰어 끓는 물에 넣고 기름을 빼낸다. 자기(瓷器)로 된 솥을 쓰고 솥이 두꺼우면 두꺼울수록 좋다. 삼겹살은 껍질 있는 부분이 밑으로 가도록 담

먹음직스럽게 보이는 동파육(東坡肉)

고 황주와 간장, 설탕, 생강, 팔각, 계피를 넣고 물을 넣는다.

솥뚜껑을 덮고 뚜껑 덮은 부분을 따라 밀가루 반죽을 만들어 뚜껑을 봉한다. 대부분의 그릇 뚜껑은 김이 새어나가도록 지름 0.3센티미터 정도 구멍이 있기 때문에 그 구멍은 남겨둔다. 끓을 때까지는 센 불로 끓이지만 일단 끓고 나면 아주 약한 불로 줄여 그대로 8시간을 끓인다. 동파육은 사실 만들기 쉬운 요리에 속한다. 단지 8시간이라는 긴 시간이 걸리기 때문에 마치 대단한 솜씨가 필요한 것처럼 보이는데 어쩌면 시간이 오래 걸려서 더 맛있게 느끼는지도 모른다.

가끔 동파육의 진짜 고향을 어디로 봐야 하는지 난감할 때가 있다. 소동파가 황주에 갔을 때 만들었다 하여 '호북성 황주'라고도 하고 항주에 있을 때 만들었다 하여 '절강요리'라고도 한다. 동파육의 고향에 대해서는 아직도 의견이 분분하다.

동파, 술을 빚다.

세월이 변해도 변하지 않는 것이 있다. 술의 역할이다. 중국은 역사 이래 지금까지 주이성례(酒以成禮)라 하여 개인과 국가의 중요한 일에는 늘 술이 있어야 했다.

동파가 젊을 때는 술잔만 봐도 취했다고 한다. 동파는 주량이 세지 않았다. 그가 혜주(惠州)에 발령을 받아 갔더니 어느 집이든 밀감주를 담가 손님 초대를 하고 있었다. 동파도 이곳에서 많은 술친구를 만날 수 있었으며 밀감주를 좋아하게 되었다. 밀감주는 그 지방에서 생산되는 밀감으로 만들었는데 향도 좋고 약간 단맛이 나면서 그리 독하지 않다. 일단 마시면 충만한 느낌을 주는 술이다. 또 이 술은 도수가 낮은 과일주로 영양학적인 면에서 보자면 적당히 마셨을 때 몸에 좋은 술이 되나 지나치게 많이 마시면 해가 될 수도 있는 술이다.

혜주에 있는 동안 동파 곁에는 하루라도 술이 없는 날이 없었다. 관원들이 술을 가지고 오지 않으면 새로 사귄 친구가 술을 가지고 오고, 동파가 친구들에게 성서산(城西山) 아래 대호(大湖)에 가서 한 잔 하자 하면 금세 친구들이 몰려왔다. 천하에 동파보다 술을 더 좋아하는 사람은 없었고, 천하에 동파보다 술을 못 하는 사람도 없었다. 하지만 그렇다고 동파는 주량이 센 친구들을 부러워하지도 않았다. 동파는 술에 취하는 것이 아니고 늘 분위기에 취했다. 친구들이 술을 마셔 거나하게 취하면 "내 친구가 기분이 매우 좋구나!"하며 자신도 매우 기뻐했다.

동파는 술을 마실 때 한번에 5슴을 넘지 않았다고 한다. 고대 도량형으로 1슴은 2량(兩)으로 약 75ml이다. 그러니 5슴이면 375ml쯤 된다. 우리가 즐겨 마시는 술 2홉 한 병이 360ml니

술을 매우 좋아했던 소동파

까 동파의 주량
은 과일주를 소
주병에 담아 한
병을 마시는 것
쯤 된다. 동파는
먼 곳에 있는 친
구들에게 편지
를 쓸 때 마다
입에 침이 마르

도록 밀감주를 자랑했는데, 이 지역에 밀감주라는 술이 있는데
향이 좋고 어느 정도 마시면 신선이 되어 구름 위에 떠 있는 것
같다고 하였다. 술을 좋아하니 또 만들어봐야겠다는 생각도 했
다. 실제 동파는 밀감주 만드는 비방을 구해 직접 만들어 보기
도 했다.

동파는 자신이 만든 술이 맛도 좋고 향도 좋다며 늘 떠들고
다녔다. 그가 사망한 후에 어떤 이가 동파의 아들에게 "너희
부친이 생전에 만든 술이 썩 좋은 것 같지는 않았는데 너는 아
버지 술에 대해서 어떻게 생각하니?"라고 물었다. 아들은"황주
에 살 때 아버지가 담근 술을 먹고 자주 설사를 했다."고 고백
했다. 동파의 술 담그는 기술이 부족했거나 혹은 위생적이지 못
한 환경에서 술을 만든 것은 아닐까? 정주(定州)에서 근무할 때
소동파는 소나무를 넣은 송주를 만들기도 했는데 소나무향과
어우러진 단맛이 매력적이었다고 전해지며 혜주(惠州)에 있을

때는 생강과 육계(肉桂) 등을 넣어 계주를 만들기도 했다.

송대에는 관(官)에서 주곡(酒曲)을 팔았다. 민간에서 술을 만들기 위해서는 관부에서 곡을 사 자신이 직접 술을 담갔다. 문헌에 따르면 송대에는 황주(黃酒)와 과주(果酒) 등 다양한 술이 있었다. 황주는 주정(알코올) 농도가 12~18%로 주정 함유량이 낮지만 비타민 등의 영양이 풍부하고 양기와 혈을 보해 주기 때문에 위를 건강하게 만들어 약주로도 쓰인다. 또 황주는 맛이 부드럽고 향은 농하다. 오랫동안 저장하면 저장할수록 깊은 맛이 나며 짙은 황색 빛이 나서 황주라고 부른다. 황주는 즐겁게 마시는 술이 될 뿐만 아니라 비린내 등의 냄새를 제거하고 향을 증진시켜주는 요리재료로도 쓰인다.

남송시대 오자목(吳自牧)이 쓴 『몽양록(夢粱錄)』주사(酒肆: 술집)에는 당시의 주점 상황이 자세하게 묘사되어 있다. 송대에는 유명한 주점만 대략 72군데 정도 있었고 그 외에도 크고 작은 술집이 셀 수 없이 많았다. 주점은 비슷비슷한 곳들이 많아 경쟁이 심했다. 문 위에는 대나무 궤를 얹은 붉은 등을 걸고 날씨가 맑거나 흐리거나 반드시 등을 켜 놓아 누구나 그곳이 술집이라는 걸 알게 하였다. 큰 주점에서는 기생들이 옆에 앉아 주었는데 이곳에 가서 술을 마시고 싶어 하는 주민이 많았다고 한다. 술을 조금밖에 안 팔아주면 1층 테이블에 각자 앉게 했다. 기녀를 옆에 두고 술을 마시려면 값비싼 안주를 팔아주어야 했다. 관(官)은 소비를 자극하기 위해 교통의 요지에 술집을 차리고 백성들이 술을 많이 마시도록 유인했다.

송나라 때 국가의 주요 수입원은 주세와 다세, 염세(鹽稅) 등
이었다. 제사와 연회는 물론 음식을 보낼 때도 꼭 술이 있어야
했다. 하지만 송대의 음주는 본인이 마시고 싶은 만큼 겸허한
마음으로 마셨고 우아했으며 승부를 따지지 않았다. 송대 술을
만드는 방법은 궁중에서 만드는 방법으로 만들거나 산서성 일
대의 술 만드는 방법으로 만들었다. 그중 산서성 분양(汾陽) 일
대의 행화촌(杏花村)은 황실에 바치는 공품을 만들던 곳이었다.

몸에 좋은 약선 요리의 등장

세계를 하나로, 칭기즈칸

중국 베이징에서 택시를 타고 택시기사에게 베이징에서 꼭 먹어야 할 특색음식을 소개해 달라고 하면 십중팔구 '솬양러우(涮羊肉)'라는 요리를 꼽는다. 솬(涮)은 신선로 그릇에 물을 끓여 얇게 썬 양고기와 채소 등을 넣어 익혀 먹는 조리법이다. 대부분 양고기를 익혀 먹기 때문에 요리 이름이 솬양러우다. 이 요리의 기원은 원나라 세조 쿠빌라이(1215~1294)까지 거슬러 올라간다. 쿠빌라이가 대군을 이끌고 남쪽을 정벌하러 내려갔을 때의 일이다. 길고 긴 전쟁으로 사람과 말 모두 지쳐있던 어느 날 그는 갑자기 어려서부터 많이 먹었던 칭둔양러우(清燉羊肉)

가 먹고 싶어졌다. 그래서 부하에게 양 한 마리를 잡아 칭둔양러우를 만들라 명령하였다. 요리사가 양을 잡아 막 배를 가르려고 할 때 감시하는 병사가 와서 적군이 가까이 오고 있다고 보고했다. 배고픔을 참고 양고기만을 기다렸던 쿠빌라이는 부하에게 출격 준비를 하라 명하면서 한편으로는 "양고기! 양고기를 빨리 가져 와!"라고 외쳤다. 쿠빌라이가 주문한 칭둔양러우는 양을 잡아 깨끗하게 씻고 토막을 내어 양념을 해서 아주 약한 불로 족히 대여섯 시간은 끓여야 하는 요리이기 때문에 그 짧은 시간에 그 요리를 하기란 불가능했다. 하지만 요리사는 쿠빌라이의 급한 성격을 알기 때문에 고심 끝에 기지를 발휘했다. 양고기를 얇게 열 장 정도 썰어서 끓는 물에 넣고 한번 휘저었더니 금세 고기가 익으면서 색이 변했다. 요리사는 고기를 얼른 꺼내 그릇에 담고 고운 소금을 뿌렸다. 쿠빌라이는 급히 그 양고기를 먹고 적진을 향해 돌격했는데 그날 전투의 결과가 아주 좋았다. 쿠빌라이가 돌아와 축하 주연을 베풀면서 그때 그 양고기를 만들었던 요리사를 찾았고 "그 요리는 어떻게 만든 것인가? 다시 만들어보게."라고 하여 다시 한 번 요리가 재현되었다. 요리사는 양의 부드러운 고기를 골라 얇게 썰고 각종 양념을 넣어 내갔다. 요리

북경식 양고기 샤브샤브인 솬양러우(涮羊肉)

를 먹어 본 사람들은 모두 "도대체 이 요리를 어떻게 만들었는가? 요리 이름은 무엇인가?"라고 물으며 관심을 표했다. 하지만 정작 요리를 만든 요리사 또한 이름을 알 길이 없었고 그곳에 있던 여러 장군에게 요리 이름을 지어 달라 했다. 그랬더니 쿠빌라이가 웃으면서 답하기를 "내가 보기에 이 요리는 물에 넣어 익혀 먹는 요리니 '솬양러우'라 하면 어떤가?"라고 하였고, 이것이 솬양러우의 탄생 계기가 되었다.

원나라는 몽고족이 건립한 왕조다. 몽고족은 북쪽에 있던 소수민족의 하나로 원래 초원에서 유목생활을 하는 사람들이었다. 12세기 말에서 13세기 초까지 북방에는 크고 작은 규모의 많은 유목 부락들이 약육강식하며 패권을 다투어 살고 있었다. 당시 몽고 치엔족의 수령이었던 예수게이와 올크누트 부족 출신인 후엘룬이 만나 아들을 낳았는데, 그게 바로 몽고부의 수령 테무진(鐵木眞: 칭기즈칸의 아명)이었다. 테무진은 1206년에 몽고를 국호로 삼고 자기 자신을 칭기즈칸(成吉思汗)이라 불렀다. 1211년에 금나라를 대파하고 지금의 하남성까지 내려갔다. 1219년 칭기즈칸은 서쪽 중아시아는 물론 러시아와 폴란드, 헝가리까지 정벌하여 그들의 말발굽 소리만 지나가면 모두 그들의 영토로 변해버린다 할 정도로 무적의 군대였다.

하지만 칭기즈칸은 1227년 서하를 멸한 뒤 병으로 죽고 만다. 칭기즈칸이 지나간 곳은 모두 그의 땅이 되었으므로 그의 일생은 거의 말을 타고 달리기만 하였다고 해도 과언이 아니다. 밥도 말 위에서 먹었고 잠도 말 위에서 잤다. 칭기즈칸은 세계

칭기즈칸 (1155~1227)

를 정복하는 일에 평생을 바쳤다.

유목민은 계절에 따라 먹을 수 있는 식물을 찾거나 소와 양 같은 가축을 길러 그들과 함께 이주한다. 한 지역에 오래 머물면 다시 목초가 자라날 수 없을 정도로 황폐화되기 때문이다. 또 겨울에는 날이 추워 식량을 걱정해야 한다. 드넓은 초원에서 목축과 사냥으로 생계를 유지하고 부족 간의 싸움이나 하던 작은 유목민 부대가 천하를 통일할 수 있었던 에너지는 어디에서 나온 것일까?

몽고 부대는 가는 곳마다 약탈을 일삼았기 때문에 무서운 야만인으로 인식되었으며 심지어 그들은 금나라도 초토화시켰다. 그러나 유독 남송에 대해서는 우방국을 대하듯 관대했다. 남송 정복 후 쿠빌라이 정부는 강남 농민에 대한 지방관과 군대의 약탈, 착취 행위를 금지하고 농민의 조세부담을 경감시켰으며 광대한 황무지를 개간하는 정책을 시행하여 강남의 농업생산력을 회복시켰다. 이러한 조건 위에 강남·화북 간 교통 물류 체계를 확립하고 동일한 화폐 상세제도를 적용하며 아인(牙人: 상거래를 중개하는 사람)의 영리행위를 규제하고 민간 상업 활동을 지원 장려하는 정책을 실시하여 강남의 상품경제를 지속적으로 발전시키고 남북 상업권을 하나로 통합했다. 그 결과 유라시아 내륙 교역권과 동남아 인도양 해상 교역권이 연결되어 국내외 각지에서 산출된 다량의 상품이 광범위한 수륙 교통망을 따라 세계 곳곳으로 유통될 수 있는 기반이 조성되었다.

성은이 망극하옵니다.

홀사혜(忽思慧: 1314~1320)는 원대 궁중의 의사로 『음선정요(飮膳正要)』라는 약선 요리책을 지은 사람이다. 『음선정요』는 고대의 영양학 책이라고 할 수 있는데 그 내용에 몽고 요리와 회족(回族) 요리가 함께 섞여 있다 보니 그가 회족 사람이었는가 몽고족이었는가에 대해 지금도 논쟁이 분분하다.

홀사혜는 1314년에 음선(飮膳: 음식물 또는 술안주)을 담당하는 사람으로 황실에 들어와 황제의 음식을 책임지고 있었다. 그는 다년간 황상으로부터 큰 봉록을 받았으나 성은을 갚을 길이 없어 고심하였다. 그래서 그간 황실에서 일한 경험을 토대로 그의 생각과 업무를 적어두기로 하였다. 그가 황실에서 일을 해보니 전국 각지에서 온갖 산해진미와 진귀한 조공품들이 올라왔다. 그러나 어떤 재료들은 풍습에 맞지 않아 요리에 쓸 수 없었고 어떤 것은 말린 것이어서, 또 어떤 것은 신선한 것이어서 함께 사용할 수 없었다. 어떤 때는 재료의 성질을 모르고 요리를 했더니 오히려 병이 생기는 역효과를 초래하였다.

『주례(周禮)』를 보니 주나라 때는 천관을 두고 그 밑에 다시

홀사혜(忽思慧)

직책을 두어 황제가 먹고 마시고 입는 것을 관장할 수 있도록 하였다. 따라서 세조 황제의 고명한 덕으로 인해 황실에 네 가지 관직을 두었는데 그중 의사(醫師)는 위생 행정을, 식의(食醫)는 군왕 음식의 배합과 조리를, 질의(疾醫)는 백성의 질병을 담당하고 양의(瘍醫)는 외과 질병과 치료를 담당하였다. 홀사혜는 또 본초서(本草書) 중에서 독이 없는 재료를 따로 골랐다. 그리고 재료의 성질이 상반되어 음식을 만들었을 때 상극의 효과를 가져 올 수 있는 것은 피하였고, 장기적으로 식용 가능한 것을 선택하였으며 건강을 증진해 줄 수 있는 약물을 선택하려고 노력했다. 이렇게 하면 재료와 맛이 서로 이롭고 오미가 조화를 이루게 되어 바로 그런 음식을 황제가 드시게 해야 한다고 주장했다. 또 언제 누가 만들더라도 사용하는 재료의 종류를 선별함에 매우 주의를 기울여야 함도 함께 강조했다. 홀사혜는 술을 낼 때도 침향목(沉香木)과 사금(沙金), 수정(水晶) 등의 술잔을 사용하도록 했다. 매일 사용하는 재료는 그날그날 달력에 적어놓아 나타나는 효과를 점검하고 실험하였다. 탕(湯)과 액(液), 전(煎)을 만들 때도 각종 진귀하고 기이한 음식들을 모두 적합하게 만들었다.

홀사혜 덕분에 세조는 고령이 될 때까지 질병을 앓지 않았다. 황제 자리에 오른 이후 더없이 국사가 많았지만 한가할 때에는 홀사혜가 따로 보양 방법을 정해 각종 음식의 성질을 적당하게 만들고 진헌하는 품종을 매일 새롭게 바꾸어 황상의 신체를 늘 건강하고 평안하도록 하였다. 그리고 조금이라도 시간이 나면 조국(趙國) 공신 보삼해(普三奚)처럼 역대 왕조가 친히 선식에 사용했던 진귀한 음식인 탕과 고(膏: 식물이나 과일을 끓여서 곤 즙), 제(劑: 약제)로 만든 것, 각종 본초와 명의의 방술, 매일 반드시 먹어야 하는 곡류와 육류, 과채류를 취하여 그 성미가 보익(補益)되는 것을 3권으로 묶었다. 이것이 『음선정요』다.

홀사혜는 본초 중에 없는 것을 이 책에 넣었고 주를 달아 설명하였다. 또 황상께서 평안할 때 선황의 보양법과 섭취법을 보고 사시 기후변화에 따라 허한 것은 버리고 실한 것을 취하여 건강하면 황상의 수명은 만수무강하게 될 것이라 했으며 이로써 전국의 백성들이 황상의 은덕을 입을 것이라고 썼다. 마지막으로 "이 책 『음선정요』를 바치오니 황상께서는 저의 이런 마음을 헤아려 주시고 받아주소서."라는 내용의 서문을 남겼다.

몸에 좋은 약선 요리책 『음선정요』

『음선정요』는 이와 같이 황제께서 베풀어 주신 은혜에 감동해서 성은을 조금이라도 갚고자 하는 마음에서 엮은 것인데 그렇다고 그 내용이 꼭 황제만을 위한 것은 아니다. 일반인 누구나 가정에 한 권씩 비치해 놓고 평시에 활용해도 좋은 책이다. 『음선정요』는 몽고족과 회회족(回回族: 위구르 계통), 음식, 의

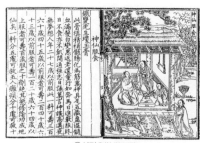

음선정요(飮膳正要)

한다. 제1권은 중국 전설상의 인물인 삼황제(복희, 신농, 헌원)의 역할에 대한 칭송으로 시작하여 양생하기 위해 피해야 할 일들, 임신했을 때 주의할 사항, 아이에게 젖을 먹이는 유모가 주의할 사항, 음주 시 주의할 사항, 그리고 탕을 비롯한 여러 가지 요리가 수록되어 있다. 그 내용을 간단히 살펴보면 다음과 같다.

몸에 좋지 않은 음식은 피하라. 몸에 좋은 음식이라 할지라도 좋다고 해서 많이 먹으면 안 되니 폭식을 피하라. 그렇지 않으면 비위가 기능을 못해 쉰 살만 되도 늙기 시작한다. 일 년에는 사계절이 있는데 춘하추동이 바뀔 때 추위와 더위가 교차하면서 몸에 병이 생길 수 있다. 따라서 평소 체력을 보강해 두어야 온도변화를 이겨낼 수 있다. 양생에 대해 알고 있는 사람은 스스로 자극적인 음식을 피하고 담백하게 먹는다. 필요 이상의 생각을 하지 않도록 하며 자기 욕망을 절제하고 희로애락의 감정까지도 조절하여 원기를 아낀다. 사람들과 교제할 때도 말과 고민을 줄이며 헛된 상상을 버린다. 나의 건강을 해칠 수 있는 책도 조금만 읽고 말까지도 줄여 체내의 원기를 지키도록 노력한다.

음식은 조금씩 여러 차례 나누어 먹고 폭음이나 폭식하지 않는다. 조금 더 먹고 싶다고 느낄 정도로만 먹어야 하고 배가 고프다고 과식하지 말라. 배가 고프면 인체에 해가 되고 배가 부르면 폐를 상할 수 있다. 배부른 상태에서 잠들면 각종 질병이 나를 노린다. 식사가 끝날 때마다 따뜻한 물로 입을 헹구면 치아 질병을 막을 수 있고 구취도 생기지 않는다. 땀이 날 때 부채로 부쳐 땀을 식히면 반신불수가 올 수도 있다. 사람의 일상생활 중에도 많은 금기사항이 있다. 하루 중 금기해야 할 일은 저녁 식사를 과식하지 말라는 것이다. 한 달 중 금기해야 할 사항은 월말에 과도한 음주를 피하라는 것이고 1년 중 금기 사항은 연말에 너무 멀리 가지 말라는 것이다. 또 불을 켠 채로 방사(房事: 남녀 성관계)하지 말아야 하며 태풍이 불고 폭우가 오거나 날이 특별히 덥고 추운 날에는 외출을 삼가라 하였다.

2권은 각종 탕(湯)과 액(液), 전(煎), 제(劑) 등으로 이루어졌는데 여기서 탕은 양고기와 쇠고기, 말고기 등의 다양한 육류로 만들었다. 특히 부재료가 무엇이든지 간에 양머리와 양다리, 양의 지방, 양꼬리 등 양고기로만 탕을 만들었다. 또 약을 먹을 때의 금기사항이나 음식물의 이로운 점과 해로운 점, 음식 궁합이 맞지 않는 것들, 중독 등을 소개하였다. 그리고 3권에서는 미곡류와 가축류, 과류, 소채류 등의 조리법을 소개하였다.

『음선정요』에는 양고기와 쇠고기, 말고기 요리 등 육류 요리가 주를 이루는 가운데 '회회(回回)'라는 단어가 서른 번이나 등장한다. '회회떠우즈(回回豆子)', '회회총(回回葱)', '회회샤오여우(回回小油)', '회회칭(回回青)'등이 그것인데 여기서 '회회'라는 말은 회교도들이 즐겨 먹는 요리다. 회회떠우즈(回回豆子)는 원나라 때 가장 광범위하게 사용된 두류 식물인데 15가지 요리에 조미료로 사용되었다. 회회떠우즈는 맛이 달고 독이 없으며 주로 소갈 작용을 하기 때문에 소금과 함께 먹으면 안 된다. 회회족이 사는 곳에서 나며 싹이 콩의 싹을 닮았고 지금은 밭이나 들 곳곳에서 볼 수 있다고 하였는데 아마도 완두가 아닐까 짐작하고 있다. 완두는 당의 함량이 낮아 소갈증(당뇨병) 환자에게 좋은 식품이다.

『음선정요』에서 말하는 회회총(回回葱)은 지금의 양파다. 양파는 한해 농사가 끝나고 겨울이 시작될 무렵에 심는다. 실파 정도의 가는 파를 심는데 한 겨울을 땅 속에서 보내면서 머리를 키워 양파가 된다. 양파의 성질은 맵고 따뜻하며 독이 없고 살충 효과가 있다고 했다. 따라서 감기를 예방하기도 하고 위와 장을 자극해 소화를 돕고 식욕을 증진시키며 혈당을 낮추고 암을 예방하는 효과가 있다.

회회칭(回回青)은 조미료의 일종이고 회회샤오여우(回回小油)는 식용유의 일종인데 '녹두탕(鹿頭湯)'에도 사용하고 다른 요리에서도 많이 사용한 기름으로 현재의 참기름이 아닐까 추측되는데 아직 그와 관련된 자료는 찾지 못했다.

요리에도 회족 음식이 다양하게 들어있다. 회족 음식은 아

회족(回族)의 전통의상

직도 청진채(淸眞菜)라고 부르는데 그중 독독마식(禿禿麻食)은 밀가루를 반죽하여 면을 만들고 양다리 고기는 채를 썰어 볶은 후 두 가지를 함께 넣고 탕으로 끓여 파와 고수 등의 양념을 넣어 먹는 면 요리다. 하서폐(河西肺)는 지금 신강(新疆) 지역의 특색 음식이다. 이 요리는 양의 폐를 주재료로 사용하는데 폐에는 기가 통하여 소변에 이롭고 해독 작용을 한다. 또 부추를 부재료로 사용하는 것은 신장을 보호하고 온양(溫養)하게 하여 간을 이롭게 하고 위를 건강하게 한다. 하서미탕죽(河西米湯粥)의 하서미는 황하 서쪽에서 자라는 기장(벼과에 속하는 일년생 초본식물)이다. 양고기로 탕을 만들고 양고기 탕에 죽을 끓인 후 건져낸 양고기를 다시 넣어 양념한 요리다.

『음선정요』에 따르면 양고기에는 독이 없고 몸을 보해주는 역할을 한다고 한다. 회족 사람들은 약식동원(藥食同源: 약과 음식은 근원이 같다.) 역시 매우 중시 여겼다. 특히 양고기로 양생음식을 만들어 병을 치료한다 하였고 양의 심장과 주사(朱砂: 경련이나 발작을 진정시키는 데 쓰는 광물의 하나)를 함께 사용하거나 심혈

부족으로 실면(失眠: 잠을 잘 못 자는 증상)하거나 떨림 등의 증상에는 양 목에 황기를 넣고 끓여 먹으면 기와 혈을 보호할 수 있다고 하였다. 구기자(枸杞)는 영하 회족 자치주의 유명한 특산품이다. 당시 회족 사람들은 구기자를 요리에 넣기도 하고 구기자로 차를 끓이기도 하였다. 구기자 잎은 근육과 뼈를 건강하게 하여 풍을 제거하고 봄·여름·가을에 잎을 따고 겨울에 씨를 받아 두면 오래두고 먹을 수 있다. 구기자를 먹으면 흰 머리가 나던 것도 검은 머리가 되고 노인도 젊은이가 되게 한다고 한다. 요리와 술, 차 등에 이용한다.

특별히 정력에 효력이 있다고 알려져 있는 구기양신죽(枸杞羊腎粥)은 구기자 한 근에 양의 신장 두 개, 양고기만 들어가는 간단한 요리다. 신장이 허할 때, 양기가 약해졌을 때, 허리가 아플 때, 어지러울 때, 청력이 감퇴되었거나 어지럼증이 있을 때 공복에 죽을 쑤어 먹으면 좋다. 구기주(枸杞酒)는 허약함을 보해준다. 또 구기자는 신장과 간을 보호해주는 역할을 하는데 신장이나 간이 건강한 사람은 따로 먹을 필요가 없다. 결론적으로 구기자는 건강한 사람은 굳이 먹을 필요가 없는 듯하다.

육류는 양고기 요리가 다수를 이룬다. 조정에서 연회를 거행할 때 양고기가 주를 이루었고 민간에서도 보편적으로 양고기를 먹었다. 선물로 보낼 때도 살찐 양고기가 상품(上品)이었다. 원대에는 소나 말을 잡는 것이 엄격하게 규제되었기 때문에 쇠고기나 말고기의 사용 비율은 높지 않았고 오히려 야생동물의 사용 비율이 더 높았다.

원대에 차를 마시는 풍속은 각 민족과 계층이 모두 좋아했고 특히 원대에 몽고족들은 양이나 말과 함께 평생을 살았기 때문에 우리가 우유를 마시듯 말젖을 먹고 소주를 마시듯 마내주(馬奶酒: 말젖으로 빚은 술)를 마셨다. 말젖을 다량 짜 놓으면 우유처럼 단맛이 나는데 이 말젖을 큰 가죽포대에 넣고 특수 제작한 밀대로 휘휘 젓는다. 이 밀대의 하반부는 사람 머리만큼 크고 구멍이 있어 빨리 저으면 포도주처럼 기포가 생기기 시작하면서 신맛이 나고 발효가 된다. 이 상태에서 계속 저으면 마내주가 된다. 마내주를 마시고 난 다음에는 혀끝에 살구씨 음료 맛이 나면서 위가 편안해지고 계속 마시면 취하게 된다. 마내주를 만들 때는 말의 색을 보고 귀천을 따지는데 검은 말에서 짠 마유를 고급으로 친다. 이를 몽고어로 흑홀미사(黑忽迷思)라고 하는데 중국어로 번역하면 현옥장(玄玉漿)이라고 한

전통 마내주(馬奶酒)

다. 흑색 마내주는 보통 마내주보다 알콜 도수가 조금 높았고 생산과정도 일반 마내주보다 복잡했기 때문에 생산량이 많지 않았다. 그래서 몽고군 중에서도 지위가 현격하게 높아야 겨우 마실 수 있었다.

한족들은 주로 곡식으로 담근 술을 마셨다. 원대에는

해외에서 증류 기술이 들어왔고 그래서 소주(燒酒)와 백주(白酒)가 중요한 품종을 차지했다.

죽기 전에 꼭 먹어봐야 할 요리, 만한전석

서태후는 예뻤을까?

'중국의 4대 미녀'하면 흔히 서시와 왕소군, 초선, 양귀비를 꼽는다. 그런데 왠지 그 뒤에 측천무후나 서태후도 있지 않을까 하는 생각이 든다. 측천무후의 경우 아직 실제 전해지는 초상화나 사진을 본 적은 없다. 하지만 다행히 서태후의 사진은 존재한다. 요즘은 중국 인터넷 검색 사이트에 '서태후'라는 글자만 넣으면 서태후의 소녀시대부터 나이 들었을 때의 사진까지 모두 볼 수 있다. 미인의 기준이 무엇인지는 모르겠으나 그래도 중국인들은 그녀를 미인의 반열에 올려놓고 싶은지 '태후 중에는 예쁜 편'이었다고 자랑한다.

젊은 시절의 서태후

왜 사람들은 황제도 아닌 서태후에게 이리도 관심을 갖는 것일까? 서태후는 궁녀로 자금성에 들어가 함풍제(咸豊帝: 중국 청황조의 제9대 황제)의 부인이 되어 아들을 하나 낳았다. 함풍제가 갑자기 세상을 뜨자 여섯 살 된 아들인 동치제(同治帝)가 다음 황제가 된다. 28세에 수렴청정을 시작하여 죽기 전까지 48년간 절대 권력을 누리며 살다간 서태후. 서태후는 과연 어떤 음식을 먹었을까? 당시 태감이었던 장덕복(張德福)은 서태후가 다양한 음식을 좋아하는 사람이었다고 회고한다. 서태후는 서선방(西膳房)이라 부르는 개인 주방을 두고 있었으며 서선방에는 특급 요리사들이 있었는데 그들은 400여 개의 디엔신(點心: 간식거리)과 4,000여 종의 요리를 만들어 낼 수 있는 최고의 수준급 요리사들이었다. 또 서태후는 먹는 것뿐만 아니라 미용에도 상당히 관심이 많아 예뻐질 수 있는 방법이 있다면 모두 동원했다.

서태후가 미용을 위해 가장 신경 쓴 부분은 세숫물이었는데 서태후는 자신의 세숫물을 꽤나 깐깐하게 골랐다고 한다. 북경 향산(香山)에 있는 옥천산(玉泉山)에 '천하제일 천'이라 불리는 옥천수가 있었는데 서태후는 그 물로 세수를 했다. 그리고 은 대야에 향료와 뜨거운 물을 붓고 그 물에 수건을 담갔다가 짠 후 얼굴에 보습을 하고 주름을 없앴으며 윤기를 더하였다. 그리 고 세안을 할 때마다 달걀흰자에 채소즙을 섞어 얼굴에 발랐 다. 하지만 서태후가 무엇보다 애용한 것은 바로 옥용산(玉容散) 이다. 옥용산은 광서 6년 청대 궁중의 어의였던 이덕립(李德立) 이 만든 것으로 금나라 때 궁중에서 여자들이 세수할 때 사용 하던 비누 팔백산(八白散)의 제조방법을 기본으로 하여 일종의 서태후 전용 세안크림으로 고안한 것이다. 팔백산은 약재의 앞 글자가 백(白)으로 시작하는 백봉령, 백정향 등 여덟 가지 한약 재를 넣어 만든 것이다. 이는 여덟 가지 약재를 모두 갈아 물에 섞어 세안할 때 사용하면 얼굴이 옥처럼 윤이 난다 해서 붙여 진 이름으로 매일 두세 차례 사용했다.

서태후는 얼굴 미용을 위해 얼굴에 옥 마찰도 하였다. 당시 서양 사람들은 이 옥을 '동방마왕'이라 불렀는데, 이 옥석은 일 종의 천연재료라 얼굴에 대고 마찰을 해도 돌의 느낌이 들지 않고 오히려 좋은 느낌 이 난다. 이 돌을 차갑 게 해서 얼굴 마찰을 반복했더니 얼굴에서 빛이 나고 부드러워졌 으며 주름도 펴지고 피 부에서는 광택이 났다

8가지 약재를 이용해 만든 옥용산(玉容散)

고 한다.

서태후는 특별히 손에도 신경을 썼다. 먼저 궁녀가 은으로 만든 대야를 들고 들어와 대야 안에 펄펄 끓는 물을 가득 담는다. 시녀가 서태후의 손에 뜨거운 수건을 감아주면서 뜨거운 물에 손을 담그도록 한다. 뜨거운 물이 식으면 다시 뜨거운 물을 붓고 다시 손을 담근다. 이렇게 세 번을 반복하면 혈액순환이 증진되어 손등과 손가락이 모두 따뜻해지고 손에 붉은 빛이 돌면서 부드러워진다고 한다.

또 서태후는 일생동안 미용을 위해 매일 아침 일찍 세수를 마친 후 사람 젖을 한 컵씩 마셨다. 그래서 매일 세 여자가 서태후가 마실 젖을 짜야 했다. 젖을 마신 후엔 진주 가루를 한 숟가락 먹고 침대에 누웠다. 그러면 시녀가 신선한 봄날 복숭아꽃을 따서 담든 화액(花液)을 얼굴에 뿌리고 다시 부드러운 수건으로 닦아주었다. 서태후는 미용에 좋은 술도 마셨다. 희환주와 유주, 옥천주, 야합기주 등은 당시 모두 장생주로 알려져 있었는데 그중에서도 유주(乳酒)는 청의 궁중에서 소와 말의 젖을 정제하여 만든 증류주로 맛이 좋기로 소문난 술이었다. 서태후는 쉰 살 이후 자신의 건강을 지켜야겠다는 생각이 들어 태감 이연영에게 명하여 동인당에 가서 장생주 같은 술을 가져오게 하였다. 서태후는 특히 옥천주를 매일매일 챙겨 마셨다고 한다.

저녁식사를 한 다음 서태후는 다시 저녁 미용을 시작했다. 세수를 하고 궁녀에게 달걀환자를 가져오라 하여 얼굴에 바른

후 그대로 잠을 잔다. 아침에 궁녀가 세숫물을 떠오면 이미 말라버린 달걀흰자를 씻어내게 하였다. 이때 다른 궁녀가 옆에서 기다리고 있다가 일종의 인동화(忍冬花)를 증류해서 만들어낸 화액(花液)을 발라 주었다. 이렇게 하면 얼굴에 발랐던 달걀흰자가 팽팽한 얼굴 부분에 다시 새로운 탄성을 회복시켜주기 때문에 피부에 탄력성이 증가되어 이미 생성된 주름이 더 이상 길어지거나 확대되지 않았다.

서태후는 미용에 좋다는 것은 모두 구해 발랐다. 물론 얼굴이나 손에 바르는 것으로 끝난 것은 아니다. 미용에 좋은 음식도 부지런히 찾아야했다. 서태후는 연근과 오리탕 등을 즐겼다. 어느 날 태감이 한 농부로부터 연근을 고기와 함께 쪄먹으면 미용에 좋다는 소리를 들었다. 그래서 연근 구멍에 고기를 넣어 태후에게 주며 말했다. "이 요리는 신선하고 맛이 좋을 뿐만 아니라 피부에도 좋으니 꾸준히 드시면 늙지도 않고 피부도 탱탱해진다 하옵니다." 서태후는 요리 맛을 보더니 어디 이렇게 맛있는 요리가 있었느냐고 칭찬을 아끼지 않았다. 또 시간이 한참 지난 다음 정말 피부가 좋아졌다고 느껴 수시로 즐겨 먹었다고 한다.

서태후는 해물보다는 육류를 좋아했다. 육류 중에서도 오리를 좋아했다. 오리를 익혀 소금물에 담갔다가 먹는 염수압(盐水鸭)을 특히 좋아했는데 오리 혀 서른 개를 모아 끓인 탕을 별미라 하여 곁에 놓고 즐겼다. 오리는 다른 육류에 비해 젤라틴 성분이 많이 들어있기 때문에 이 또한 미용을 위해 즐긴 것이 아닌가 한다. 또 서태후는 죽을 좋아했는데 녹두와 연근, 보리죽 등은 미용의 목적뿐만 아니라 몸이 편치 않았을 때도 즐겨 먹었다.

서태후는 미용을 위해 산보도 열심히 했다. 중국에서는 음력 2월 2일을 롱타이터우(龍檯頭)라 부르는데 '용이 머리를 드는 날'이라는 뜻으로 이날이 되어야 비로소 새로운 한해가 시작된다고 본다. 이때쯤 되면 날씨도 좋아져 봄기운이 완연하고 농부들도 농사를 짓기 위해 준비를 시작한다. 서태후도 음력으로 2월 2일이 지나야 비로소 산보를 시작했다. 아침에 머리를 곱게 빗고 백합과 백목이 든 탕을 한 그릇 먹고 침궁을 나섰다. 여기에는 태감 이연영과 네 명의 시녀가 동행했다. 서태후는 산책을 하는 동안 말은 별로 하지 않았다. 그렇게 겨울이 올 때까지 산보를 계속 했다.

아무튼 서태후의 이러한 배경 때문인지 중국 백화점에 있는 화장품 코너에 가면 서태후 향수와 서태후 진주 크림, 서태후 아이스크림 등 서태후의 이름을 붙인 제품들이 꽤 많다.

궁중음식의 결정체, 만한전석

궁에서 먹던 음식을 일컬어 '궁중음식'이라고 부른다. 하지만 '궁중음식'이라는 말 이외에 별도의 다른 용어가 없는 우리나라와 달리 중국 청대 자금성 안에서 먹던 음식은 '만한전석(滿漢全席)'이라는 별명을 가지고 있다. '만한전석'은 그 이름만으로도 권력이다. 10미터가 넘는 높은 담, 굳게 닫힌 성문 안에서

만족과 한족의 산해진미를 모두 갖춘 궁중연회 – 만한전석

특정인들이 누렸던 호사의 상징이기 때문이다.

청나라는 만주족이라는 한 소수민족이 한족을 지배하여 세운 왕조다. 그래서 청나라 대신 중에는 만주족과 한족 출신의 대신들이 동시에 존재했다. 기록에 의하면 한족의 대신들에게는 만주 요리를, 만주족 대신들에게는 한족의 음식을 차려냈다는 설도 있다. 만한전석은 청대 황실에서 베푼 대규모 연회를 일컫는 말로 만주족 요리와 한족 요리를 모두 갖춘 연회음식이다. 그렇다고 자금성 안에 사는 황제의 가족들이 매일 매끼 만한전석을 먹었던 것은 아니다. 흔히 강희제(康熙帝: 청나라 제4대 황제)를 떠올리면 그래도 황제였던 만큼 사치와 호사를 누리며 산해진미만 먹었을 것 같지만 사실 그는 상당히 검소한 사람이었다. 하루 두 끼 식사를 하면서 식사 내용에 있어서 "짐은 하루에 한 가지만 먹으면 된다. 닭이면, 닭, 양이면 양 으로 통일해 달라."고 했다 한다. 식사 시간이 되면 태감이 황제가 식사할 곳에 먼저 탁자를 펴놓는다. 그리고 선방(膳房)에서 나온 선식(膳食)을 규정에 따라 탁자 위에 펴놓는다. 황제는 기본적으로 혼자 식사한다. 별도의 지시가 없는 한 그 누구도 황제와 함께 식사할 수 없다.

황제 태후와 황후가 식사를 마치면 나머지 음식은 규정에 따라 비빈(妃嬪)과 황자, 공주 등에게 주고 비빈이 먹고 난 음식은 다시 궁녀 태감 등에게 주었다. 청대 궁중에서 제후와 비빈들이 먹는 음식은 어다선방(御茶膳房)에서 책임졌는데 어다선방에서 일하는 사람은 황제가 대신 중에서 몇 명을 임명하여 파견했다. 궁중음식에 사용되는 쌀과 밀가루, 채소, 설탕, 술, 식초 등의 재료나 차를 관리하는 다고(茶庫), 연료를 관리하는 탄고(炭庫), 땔감을 관리하는 시고(柴庫), 견과류를 관리하는 과방(果房), 소나 양 등의 재료를 관리하는 우양(牛羊)은 내무부에서 각각 별도의 부서를 두어 책임을 지게 했다.

만한전석과 관련된 가장 오래된 기록은 1684년(강희 24년)까지 거슬러 올라간다. 정월 초하룻날 북경 자금성의 청 궁중에서 대규모 춘절경축 연회가 시작되었다. 강희제는 이번 춘절에는 만석(滿席)과 한석(漢席)이 모두 있어야 한다고 분부를 내렸다. 그래서 한족 연회에 나가는 음식과 만족 연회에 나가는 음식이 모두 한자리에 모이게 되었다. 자금성 안의 광록사(光祿寺)에서 준비한 만석은 모두 6등급으로 나뉘어 있었고 한석은 1~3등급에 상석과 중석 등 모두 다섯 등급으로 나뉘어졌다. 만석의 주요리에는 통돼지구이, 한석의 주요리에는 반드시 제비집이 있어야 했는데 이것을 이엔차이(燕菜)라 불렀다.

만한전석의 유래에 관한 또 하나의 설은 건륭황제가 강남에서 즐긴 연회에서 시작되었다고 보는 것이다. 이두(李斗)가 지은 『양주화방록(揚州畫舫錄)』의 '청대양주만한연(淸代揚州滿漢筵)'에 의하면 한 요리사가 산동지역 요리에 궁중요리를 섞어 퓨전요리를 만들고 이것으로 황제를 기쁘게 해드렸는데 이때 이 음식이 궁중음식으로 흡수되었다는 것이다. 그러나 이 연회는 궁중에서 즐긴 것도 아니고 궁중음식을 주관하는 어선방에서 나온 것도 아니기 때문에 궁중요리라고 하기에는 다소 무리가 따른다.

만한전석의 유래에 관한 세 번째 설은 원매(袁枚: 1716~1797)가 전하고 있다. 원매는 청대의 문인이자 미식가인데 그는 1792년 『수원식단(隨園食單)』이라는 요리책을 썼다. 그 책 계락투(戒落套) 편에서 이르기를 관창에는 요리 열여섯 접시와 궤(簋)에 담는 요리 여덟 가지, 네 가지 디엔신(點心), 여덟 가지 주전부리 요리, 열 가지 주요리 등이 있다고 했다. 관원들이 송별회, 환영회를 할 때 흔히 이렇고 먹고 있는데 이러한 행태를 일컬어 '촌스러운 요리사의 고루한 습관'이라는 것이다. 만한전석에는 최고의 재료로 최상급 요리를 준비하는 일 이외에도 손님이 올 때 주연(酒宴)을 하는 일, 오시는 손님들을 어디에 앉게 할 것인지 정하는 일, 어떤 종류의 예를 행할 것인지 정하는 일 등 성문화되어 있지 않지만 엄격한 규정들이 동시에 존재한다. 그러나 지금의 현대인들은 원매처럼 당시의 규정들을 다소 고루한 내용이라 여겨 중국인 스스로도 이런 부분에 더 이상 신경을 쓰지 않는다.

네 번째 만한전석에 관한 이야기는 채단자(菜單子)라는 샹성(相聲)으로 전해진다. 샹성은 우리나라 1960~1970년대 장소팔, 고춘자 씨가 하던 만담과 같은 형태인데 자세히 들어보면 내용 전체가 모두 요리 이름이다.

만한전석에 포함된 어떤 요리들은 청의 궁중어선과 유사하며 어떤 것은 확실하게 궁중어선 요리다. 궁중어선 요리는 비교적 이름이 화려한데 특히 황제용의 어선요리 이름에는 사실 어떤 특정한 뜻이 포함되어 있지는 않다. '만수무강' 등의 좋은 글자 외에 요리 이름은 그저 요리의 원료나 만드는 방법을 표시할 뿐이다. 따라서 만한전석이 청 황실요리를 대표할 수 없다는 이야기가 나오는 것이다. 하지만 만청민국(晚清民國: 청 말부터 중화민국 초기까지)의 시기 동안 만한전석은 차츰 대형화되었고 대형 전통연회가 일종의 상업화로 연결되어 뒤로 갈수록 허세가 심해졌다.

사실 누루하치나 강희의 어선(御膳)은 검박했고 건륭제에 이르러 40~50여 종이 되었으며 광서제(光緒帝)에 이르러 100여 가지가 되었다가 서태후에 이르러 비로소 200여 종이 되었다. 서태후가 심양에 갔을 때 선식을 만드는 요리사만 100여 명이 수행을 했다고 한다. 하지만 청나라의 마지막 황제 부의(溥儀)에 이르러서는 그렇게 음식을 즐겨볼 수 있는 여건이 안 되었다. 『청패유초(清稗類抄)』 음식(飮食)의 소고석(燒烤席: 불고기 요리) 편을 보면 소고석을 속칭 만한대석(滿漢大席)이라 부른다. 연회 중 이보다 더 고급은 없다. 고(烤)는 불로 말리는 것을 뜻한다. 제비집과 상어지느러미 등 진귀한 식품 외에도 통돼지 구이, 돼지를 구워 네모나게 썰어놓은 고기 등 모든 요리를 불에 구워야 한다. 술이 세 순 돌면 돼지구이가 들어오며 선부와 복인들이 예복을 입고 들어온다. 선부가 들고 있으면 복인이 들어와 칼로 썰어 그릇에 담고 무릎을 꿇고 상석의 손님께 먼저 드린다. 그러면 손님이 젓가락을 들고 맛을 본다.

『조정집(調鼎集)』의 제2권 다주부(茶酒部)는 건륭(乾隆)에서 도광(道光) 시기에 존재했던 여러 가지 요리의 목차와 조리 방법을 모아 놓은 책인데 이 책에서도 만석과 한석을 분리했다. 만석의 요리는 머리와 다리까지 있는 통돼지, 8근짜리 양 한 마리, 작은 돼지 구이, 오리구이, 어린 돼지 찜 등의 육류가 위주였는데 이 메뉴에는 만석보다 더 많은 한석 요리도 함께 명시되어 있다. 그러나 한석 요리는 제비집과 해삼, 상어지느러미 등의 요리에 생선과 탕류로 꾸며져 있었고 한석에 만석 요리를 더하여 놓지는 않았다. 한석과 만족의 통치 지위를 보여주기 위해 청대 황궁 안에 만석과 한석은 시종 변화가 없었다.

천수연(千叟宴)을 모방한 중국의 행사

만한전석 중 천수연(千叟宴)은 청대 가장 성대했던 궁중연회였

79

다. 강희제는 조정의 신임이 두터운 명관 중에서 공이 있고 학문이 출중한 사람을 골라 비정기적으로 대형국가 연회를 거행했는데 이것이 천수연의 시초로 알려져 있다. 이때 1000명 이상의 노인이 참여했기 때문에 천수연이라고 부른다. 처음 거행한 천수연은 1713년 강희제의 60세 대수(大壽)를 축하하는 자리였는데 당시 65세 이상의 노인 중 고급 관원들과 유명인사 2,800여 명이 참여했다. 지금은 황제가 아닌 일반인도 베이징을 포함한 각 도시에서 만한전석을 즐길 수 있다. 베이징에서는 북해공원 안의 '방선반장(仿膳饭庄)'과 이화원 안의 '청려관(聽鸝館)'이 만한전석의 대표적인 식당이다. 방선에서는 1925년 청나라 어선방에서 일하던 요리사들이 세상으로 나와 전통 요리를 계승·재현하고 있다.

프랑스의 미식가 브리야 샤브랭은 "당신이 먹은 것을 말해주면 당신이 누구인지 알려주겠소."라고 했다. 지금도 누군가 "나는 만한전석을 즐긴다."고 한다면 경제적으로 성공한 재력가, 혹은 음식을 즐길 줄 아는 사람으로 평가받게 될 것이다. 음식은 종종 이렇게 부와 권력의 상징이 되어왔다.

만리장성에서 KFC 치킨을 먹다

패스트푸드, 약인가 독인가

중국의 패스트푸드 양대산맥은 KFC(켄터키 후라이드 치킨)과 맥도날드다. KFC는 1987년 베이징 치엔먼(前門)에 제1호점을 연 뒤 2010년까지 3,000개 지점을 열었다. 맥도날드의 점포수는 KFC의 반에도 미치지 못하지만 그래도 상당한 영향력을 행사하고 있다.

필자는 중국의 낯선 도시에 도착하면 제일 먼저 패스트푸드점을 찾는다. 커피 한 잔을 받아 들고 앉으면 그제야 비로소 중국에 도착했다는 안도감이 생긴다. 왜 산에 가냐고 물으니 "산이 거기 있어 간다."고 하는 것처럼 필자에게 "왜 패스트푸드점부터 가느냐?"고 물으면 "그곳에 패스트푸드점이 있기 때문"이라고 대답할 수밖에 없다. 중국 대도시 어디든 가장 닿기 쉬운 거리에 매장이 있고, 그곳에 가면 대강 어떤 음식이 얼마 정도 하는지에 대한 정보를 가지고 있기 때문이다. 그래서인지 언제 어디를 가더라도 패스트푸드점은 늘 문전성시를 이루고 있다.

미국에서 태어난 햄버거는 20세기 초에는 그리 좋은 평판을 받지 못했다. 역사학자 데이비드 제럴드 호건(David Gerald Hogan)에 따르면 초기의 햄버거는 오염된 음식이며 먹기에도 불안정해 소위 가난한 자들을 위한 음식 취급을 받았다고 한다. 물론 레스토랑에서도 햄버거를 메뉴에 올리지 않았다. 햄버거는 공장이 가까이 있는 지역의 이동 판매대나 서커스, 카니발, 박람회 등지에서 팔렸다. 사람들은 햄버거에 사용되는 고기를 오래되고 상한 것, 혹은 방부제가 잔뜩 들어간 것으로 여겼다. "햄버거를 먹는 것은 쓰레기통에서 고기를 꺼내먹는 것이나 마찬가지다."라고 말한 음식평론가도 있었다. 그러나 패스트푸드 옹호론자들은 "잘 만들어진 패스트푸드에서는 고유한 향기와 맛이 난다. 이런 향기와 맛은 햄버거와 프렌치 후라이 혹은 이 경우에 맞는 어떤 특정한 음식과 관념적으로 연결되어 있을 뿐이다. 현재 지구상에 살고 있는 많은 사람들에게 이런 고유의 패스트푸드는 지울 수 없는 어린 시절의 향기와 맛으로 남아 있다."고 한다. 그래서 패스트푸드는 편안함을 주는 음식(comfort food)으로 평가받기도 한다.

패스트푸드는 사람들에게 이른바 탄수화물과 지방의 세례

중국 대도시에서 쉽게 볼 수 있는 패스트푸드점

를 베푼다. 일부 과학자들의 말에 의하면 탄수화물과 지방을 충분히 공급받으면 스트레스가 줄어들고 기분을 좋게 하는 화학 물질이 우리 뇌에 퍼진다고 한다.

매일 자동차를 타고 바삐 움직여야 하는 운전자 입장에서도 패스트푸드가 있다는 사실은 감사한 일로 여겨진다. 미리 다 만들어져 있으니 주문해서 음식이 나오기까지 보통 3분이면 된다. 반찬이 따로 필요 없고 젓가락이나 숟가락을 챙기지 않아도 된다. 설거지도 필요 없다. 종이만 잘 접어서 버리면 끝이다.

믿는 도끼에 발등 찍힌다

중국에 패스트푸드가 들어온 지도 벌써 20년이 되었다. 그동안 패스트푸드의 가격이나 영양, 위생 등에 대해 줄곧 논쟁이 있었다. 영양학회에서는 패스트푸드 중 특히 맥도날드 식품을 가리켜 어린이들에게 매우 위중한 해를 끼치는 음식이라고 하였다. 닭다리 튀김 한 개에는 담배 60개비를 피웠을 때 생기는 독소가 들어있으며 신체 영양의 균형을 흔들어놓기 때문에 아동 대뇌 발육에 엄청난 손해를 끼칠 수 있다는 것이다. 이외에도 패스트푸드는 열량과 지방, 단백질이 모두 높고 섬유질과 비타민, 광물질은 도리어 낮아 영양학적으로 매우 불균형을 이루고 있는 음식으로 평가받으며 그러한 문제에 대해 종종 논란이 벌어지곤 한다.

생활수준이 높아짐에 따라 중국 청소년이나 아동들의 군것질 비중도 눈에 띄게 증가했다. 어느 도시에서는 군것질로 먹는 음식의 양만 10만 톤이나 된다고 한다. 이들 음식의 대부분은 세계보건기구(WHO)에서 '쓰레기 음식'으로 규정한 것들로 기름에 튀긴 음식, 불에 구운 음식, 탄산인산음료, 냉동 음식, 단 식품, 과자, 육포류 등이 여기에 속한다. 이러한 쓰레기 식품의 중독성을 조사하기 위해 쥐 실험이 실시되기도 했다. 실험쥐에게 고열량, 고지방 음식을 지속적으로 먹였더니 쥐의 대뇌부에 변화가 생기면서 건강식품을 배척하는 반응까지 보였다. 대뇌 경고체계가 마비되면서 대뇌 속의 포만감을 느끼게 하는 경고체계가 닫혀버렸기 때문이다. 햄버거와 떠먹는 요구르트, 아이스크림 등의 식품에는 일종의 포화지방산이 들어 있는데 이 포화지방산은 대뇌를 마비시켜 많이 먹어도 먹은 느낌이 들지 않게 한다. 심지어는 자꾸 먹고 싶어지는 중독성마저 지니고 있다는 것이다.

패스트푸드는 비만이나 심혈관 관련 질환, 골다공증, 암 등의 원흉으로 지목받기도 한다. 미국에서 「Super Size Me」라는 다큐멘터리가 방영된 적이 있는데, 이 다큐멘터리는 미국인과 맥도날드 사이에 생기는 비만과 건강 문제의 관계를 다룬 것

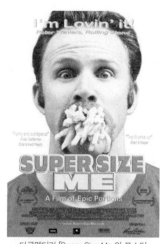
다큐멘터리 『Super Size Me』의 포스터

이다. 미국인 모건 스펄록 (Morgan Spurlock)은 30일 연속 하루 세 끼 패스트푸드만 먹고 자신에게 나타난 변화를 관찰했다. 그랬더니 3주 후부터 심장에 이상이 생기기 시작했고 실험이 끝난 후 체중은 12*kg* 증가했으며 혈압도 올라갔다. 또 정신은 권태로워지고 호흡이 가빠지고 성적 능력마저 감소하는 결과를 보인 것이다.

한편 햄버거와 함께 자동 주문하게 되는 탄산음료는 우리를 비만과 골다공증의 세계로 안내한다. 콜라는 인체에 미치는 해가 큰 것으로 알려져 있다. 외국의 한 학자가 무려 10년 동안 총 170여 명의 어린이를 상대로 실험을 하나 진행했는데 탄산음료를 적게 마시거나 전혀 마시지 않는 아이들, 그리고 늘 탄산음료를 마시는 아이들을 비교하기 위한 것이었다. 그랬더니 수시로 탄산음료를 마시는 어린이는 상대적으로 우유를 조금 마시게 되고 섬유소가 포함된 음식, 단백질 음식, 비타민D 등 건강식품을 조금 먹는 결과를 보였다. 따라서 이 아이들은 골다공증이 생기고 골밀도가 낮아지며 체력도 저하되었다. 1mg의 탄산은 체내 칼슘 2mg을 체외로 배출시킨다. 따라서 콜라는 아동들의 골밀도를 떨어뜨리는 결정적인 원인이 된다. 또 매일 콜라 1캔으로 아동의 비만 발생율이 60퍼센트 증가하고 평균 체중은 6.4kg 증가할 수 있다. 전문가들은 "인체 골 질량의 90퍼센트는 젊은 시절 누적된다. 특별히 16~25세가 가장 중요한 시기이다. 따라서 젊었을 때 탄산음료를 많이 마시면 골다공증에 빠질 수 있다."고 경고한다.

한 예로 중국의 소림(13세)은 광동성 모 중학교 1학년생이다. 그런데 이 학생은 어릴 때부터 목이 마를 때마다 물 대신 음료수를 마셨다고 한다. 얼마 후 그에게 현기증과 심장 떨림증, 손마비, 건망증 등의 증상이 발생했고 그의 뇌는 60대 노인처럼 변하였다고 한다. 의사들은 이 모든 증상이 음료수 안에 들어 있는 방부제로 인한 것이라고 보고 있다.

패스트푸드의 위험성은 여기서 끝나지 않는다. 중국인들은 일 년에 수만 톤의 감자튀김을 먹어치운다. 고온의 기름에 음식을 튀기면 전분류 식품의 발암물질 함량이 상당히 높아진다. 유년기에 감자튀김을 많이 먹으면 유선암(乳腺癌)에 걸릴 수도 있다. 1993년 미국에서 582명의 유선암 환자와 1,569명의 건강한 여자를 상대로 한 비교연구가 있었다. 그랬더니 매주 상당한 양의 감자튀김을 섭취한 3~5세 아동의 경우 유선암 발병 확률이 27퍼센트나 높아졌다. 임산부가 음식을 잘 섭취하지 못하면 그 영향은 3대에 걸쳐 영향을 끼친다고 한다. 임신한 쥐에게 많은 고지방 음식을 주었더니 다음 세대뿐만 아니라 손자 세대에게까지 불리한 영향을 미치는 것이 발견되었고 후대에 유선암을 일으킬 확률이 60퍼센트나 되었다.

최근 중국에서는 초고속 성장을 이룩하던 패스트푸드 업계가 잠시 브레이크를 밟고 있다. 지금까지는 쉽고 빠르고 위생적으로 보여 중국 시장을 점령하는 데 큰 어려움이 없었다. 단지 몇 가지 문제가 지속적으로 제기되었는데 이를 테면 냉동된 닭을 물로만 헹궈 그대로 기름 솥에 넣는 것, 튀김용 기름을 며칠이 지나야 한 번 갈아주는 행위, 재료가 바닥에 떨어져 있는 것을 보고도 그냥 주워서 파는 일, 식품의 유효기간을 마음대로 바꾸는 것 등이 그 예였다.

그런데 최근 중국 온라인 상에서는 '패스트푸드, 과연 먹을 것인가 말 것인가'라는 주제로 뜨거운 논쟁이 벌어진 적이 있다. 2011년 7월 12일 중국 인터넷 사이트 지나(sina)에 글이 하나 올라왔다. "KFC 입구에서 아직 주방 안으로 들여가지 않은 짐을 하나 발견했어요. KFC가 우리를 속인 것 같아요. 이곳에서 사먹은 두장(豆漿: 콩으로 만든 음료)이 모두 가루에 물을 부어 판매한 거였어요. 게다가 이름도 없는 상표더군요."라는 내용이었다. 사진 오른쪽에는 KFC의 상징인 붉은 마크가 보였고 땅에 놓여 있는 종이 포장에는 '용왕두장분'이라는 글자가 보였다. 이 글이 올라가자 2주 만에 1만 5천 여 건의 클릭이 이어졌고 무려 1700여 개의 댓글이 달렸다. KFC 북경 지부는 즉각 해명하고 나섰다. 북경시 대부분의 KFC에서 공급되는 순두장(醇豆漿)은 농축 두장(豆漿)을 조제해서 나가는 것이고 기타 지역의 KFC 순두장은 두장분(豆漿粉)을 조제해서 나가는 것이라는 해명이었다. KFC는 이 제품을 선전하면서 즉석에서 갈아주는 제품이라는 말은 한 적이 없다고 했다.

KFC 떠우장 사건에 이어 맥도날드에서도 두 건의 햄버거 관련 이슈가 발생했다. 이른바 닭날개 구더기 사건으로 후난성 창사에서 한 남자 아이가 닭날개 세트를 먹다가 뼛속에 여러 마리 구더기가 살아 있는 것을 발견했다. 또 맥도날드 북경 운구루 지점 문 앞에서는 재료 한 박스가 발견되었다. 담겨 있는 것은 모두 신선막에 쌓여 있는 햄버거 원료 빵이었는데 상오 10시경인데도 여전히 길에 햇볕을 받으며 놓여 있었다. 신선막 안에는 이미 물기가 가득 차 있었다. 또 어떤 보호막은 뜯어져 있었으며 직접 밖으로 노출된 빵도 있었다.

튀김에 사용되는 기름도 문제가 되었다. 모 매체에 의하면 KFC의 닭이나 감자를 튀기는 데 사용하는 기름이 4일에 한 번 교체되는 것으로 보고된 것이다. KFC의 감자튀김 사건에 대해 중국요리협회는 "이런 부분은 기업가의 자율적인 규제가 필요한 부분이지만 여러 각도에서 또 다른 감시도 필요하다."고 주장했다. 그러나 KFC 측은 튀김기름을 관리하는 규정을 두어 엄격하게 관리하고 있으며 매일 여과하고 청결하게 하여 기름을 사용하는 제품의 품질에 미치는 영향을 최소화하고 있다고 밝혔다. 또 전문적인 종이를 사용해 화학적인 변화를 관리하고 있고 일단 폐기해야 하는 정도에 이르면 즉각 폐기하여 국가가 정해놓은 위생 표준을 철저히 지키도록 하고 있다고 반박했다. 이어 2011년 6월 상해식품의약품 관리감독부에서는 '튀기고 볶는 음식에 대한 지침'을 발표했다. 튀기고 볶는 음식의 식용유 사용은 최장 3일을 경과하지 않도록 하고 연속으로 지지고 볶고 튀기는 식품에 대해서는 12시간을 초과할 수 없도록 규정지은 것이다. 고온에서 튀긴 기름이 치명적인 발암 물질을 생성할 수 있고, 심장병 계통의 질병을 유발할 수 있는 지방산 등의 유해물질을 발생시킨다는 것은 이제 보편적으로 알려진 사실이며 모두가 우려하고 있는 사실 중 하나다.

아직도 그대는 내 사랑

광동성에 KFC가 들어온 것은 2005년이다. 2007년 이후 4년이라는 단시간에 200호점이 들어섰으며 2011년 마침내 500호점을 돌파했다. 2011년 상반기 통계를 보면 6일에 한 개꼴로 매장이 생겨났다. 중국에는 대략 3,200호점의 KFC 매장이 있는데 그중 1/6이 광동성에 뿌리를 내리고 있다. KFC는 광주, 심천 등의 도시에서도 대단한 위력을 과시하고 있다. 소비자들의 요구가 계속됨에 따라 KFC는 더 많은 업소의 개점을 고려하고 있다.

하지만 앞서 언급한 그 많은 문제점에 대해 중국인들은 그다지 신경을 쓰지 않는 것처럼 보인다. 젊은 팬들은 여전히 KFC에 열렬한 지지를 보내고 있다. 아이들은 '엄마'라는 말을 배우기 전에 패스트푸드부터 접하게 된다. 그리고 나이를 먹을수록 패스트푸드점 출입은 잦아지며 시간이 흐를수록 애정도 깊어져 가는 것 같다. 5살 먹은 아이들도 KFC 할아버지가 어디 서 있는지, 노란색으로 알파벳 M자를 크게 써 놓은 가게는 어디 있는지 대부분 알고 있다. 어린이들에게 무얼 먹고 싶냐 물어보면 망설임 없이 KFC를 꼽는다. 아이들은 닭다리를 들고 콜라를 마시면서 만면에 희색을 띈다. 놀이공원에 가도 이보다 더 좋아할 수는 없을 것처럼 보인다. 광동은 중국에서도 음식 천국으로 알려진 곳인데 다른 중국 아이들처럼 이곳 아이들도 중국요리 중에서 뜨거운 음식이나 기름에 튀긴 음식은 그리 좋아하지 않는다. 그러나 KFC에서 나오는 튀긴 닭은 아주 좋아한다. KFC 매장을 지나려면 으레 감자튀김 정도는 사줘야 한다는 말이 나돌 정도다.

평소 부모들이 패스트푸드를 먹지 않음에도 불구하고 아이들은 여전히 감자튀김이나 닭다리를 좋아한다. 부모가 허락만 한다면 아마 쌀밥 대신 매일 패스트푸드를 먹겠다고 하지 않을까? 중국에서도 1980~1990년대 이후 태어난 사람들은 보통 서양의 패스트푸드를 먹고 자란 세대다. 세월이 흘러 그 당시 세대들은 지금 대부분 학부모가 되었다. 그러나 지금 그들은 왜 예전처럼 패스트푸드점을 찾지 않는가?

어린이들이 패스트푸드점을 찾는 이유는 몇 가지가 더 있다. 'KFC 아동 낙원'이라 불리는 어린이 전문 놀이터가 있다. 이 놀이터에서는 사용료를 받지 않는다. 그러면서 일부 매장에서는 전문적으로 어린이를 돌봐주는 보육교사까지 채용하고 있다. 안심하고 아이들을 풀어놓을 수 있는 공간인 셈이다. 심지어는 어린이들의 생일파티와 영어공부까지 이곳에서 이루어지

중국의 패스트푸드 프랜차이즈

는 경우도 있다. 부모들마저 아이와 함께 이곳에서 식사를 할 때 안정감을 느끼는 것이다.

패스트푸드점은 어떻게 그토록 빨리, 또 깊이 중국인의 삶에 파고든 것일까? 사람들에게 패스트푸드점에 가는 이유를 물었더니 빠르고 편리하다는 점 외에 맛과 위생, 좋은 서비스를 꼽았다. 서양의 패스트푸드 공습이 시작되기 전, 중국에도 중국식의 패스트푸드가 존재했다. 밖에서 아침식사를 하는 사람들을 위해서 골목마다 떠우장(콩국)을 파는 집이 있었고 이러한 음식들을 싸가지고 출근하는 사람도 있었다. 지금 중국 대도시에서 흔히 볼 수 있는 용허떠우장(永和豆漿)도 대표적인 중국식 패스트푸드점의 하나다.

중국은 세계적으로 화려한 음식 문화를 자랑하고 있는데 서양의 패스트푸드 앞에서는 맥을 못 추고 있다. 셀 수 없이 많은 음식 중 어린이들이 좋아할 만한 음식은 좀처럼 보이지 않는다. 있다고 하더라도 손이 많이 가서 몇 시간을 기다려야 만들어 낼 수 있는 음식들이다. 어린이들이 이용할 수 있는 곳은 기껏해야 학교 근처나 집 근처 골목에 있는 식당들이어서 소규모로 운영되다 보니 위생에 주의를 기울이기 어려운 곳이 많다. 서비스와 마케팅 역시 서양의 패스트푸드점을 따라가기에는 역

부족이다. 당연히 매출액도 비교를 불허한다.

어린이들이 KFC를 찾는 이유 중 하나는 기억 때문일 것이다. 화려하고 깔끔하면서 세트 메뉴를 하나 구입하면 마치 VIP를 대하듯 대접하면서 인형 하나라도 챙겨주는 곳. 또 대부분의 친구들이 이곳으로 몰려가기 때문에 청소년들은 친구들과 어울리기 위해서라도 패스트푸드점을 찾아야 할 것이다.

필자가 홍콩에서 만난 린잉치(林應祺. 23세)라는 학생은 대학에서 건축을 전공하고 있으며 어렸을 때부터 요리사가 되고 싶어 요리를 배우고 있는 청년이다. 하지만 그는 패스트푸드에 대해 이렇게 말한다. "18살 무렵 그 음식이 건강에 좋지 않음을 깨닫고 이후 패스트푸드를 피했다. 나는 여드름이 많아 피부관리 차원에서도 먹지 않는다. 부모들이 그 위험성을 인식하고 아이들에게 먹이지 않는 것이 상책이다."

흔히 중국을 떠올리면 으레 '중국요리'와 연결되곤 했다. 하지만 이제 '패스트푸드'를 떠올리면 미국보다 중국이 더 먼저 떠오르는 지경에 이르렀다. 중국뿐만이 아니다. KFC나 맥도날드는 여전히 미국의 상징이고, 전 세계에 맥도날드 지점만 14,000개가 넘는다고 한다. 이 단조로운 미국 음식 문화에 전 세계가 거칠고 빠르게 동참한 것이다. 선진국이라면 이제 '팔기 좋은 음식'이 아니라 '먹기 좋은 음식'에 집중해야 하지 않을까?

참고문헌

『논어(論語)』

『예기(禮記)』

『사기(史記)』

王仁湘, 『民以食爲天 中國飮食文化』, 濟南出版社, 2004.

徐連達, 『唐朝文化史』, 復旦大學出版社, 2003.

지영재, 『중국시가선』, 을유문화사, 1981.

에릭 슐로서 저, 김은령 역, 『패스트푸드의 제국』, 에코리브로, 2001.

마이클 폴란 저, 조윤정 역, 『잡식동물의 딜레마』, 다른 세상, 2008.

彭景元, 「从唐詩中試探唐代茶文化」, 厦門市博物館, 福建.

최덕경, 「전국·진한시대 음식물의 조리와 식생활」, 부산사학 제31집.

고명수, 「쿠빌라이 시기 몽골의 남송 정복과 강남지배」, 동양사학회지
    116집.

역사로 본 중국음식

펴낸날	초판 1쇄 2012년 7월 13일
	초판 3쇄 2019년 6월 25일

지은이	**신계숙**
펴낸이	**심만수**
펴낸곳	**(주)살림출판사**
출판등록	1989년 11월 1일 제9-210호

주소	**경기도 파주시 광인사길 30**
전화	**031-955-1350** 팩스 **031-624-1356**
홈페이지	**http://www.sallimbooks.com**
이메일	**book@sallimbooks.com**

ISBN	978-89-522-1911-4 04080
	978-89-522-0096-9 04080(세트)

※ 값은 뒤표지에 있습니다.
※ 잘못 만들어진 책은 구입하신 서점에서 바꾸어 드립니다.

089 커피 이야기   eBook

김성윤(조선일보 기자)

커피는 일상을 영위하는 데 꼭 필요한 현대인의 생필품이 되어 버렸다. 중독성 있는 향, 마실수록 감미로운 쓴맛, 각성효과, 마음의 평화까지 제공하는 커피. 이 책에서 저자는 커피의 발견에 얽힌 이야기를 통해 그 기원을 설명한다. 커피의 문화사뿐만 아니라 커피에 대한 일반적인 정보 및 오해에 대해서도 쉽고 재미있게 소개한다.

021 색채의 상징, 색채의 심리

박영수(테마역사문화연구원 원장)

색채의 상징을 과학적으로 설명한 책. 색채의 이면에 숨어 있는 과학적 원리를 깨우쳐 주고 색채가 인간의 심리에 어떤 작용을 하는지를 여러 가지 분야의 사례를 통해 설명한다. 저자는 색에는 나름대로의 독특한 상징이 숨어 있으며, 성격에 따라 선호하는 색채도 다르다고 말한다.

001 미국의 좌파와 우파   eBook

이주영(건국대 사학과 명예교수)

진보와 보수 세력의 변천사를 통해 미국의 정치와 사회 그리고 문화가 어떻게 형성되고 변해왔는지를 추적한 책. 건국 초기의 자유방임주의가 경제위기의 상황에서 진보-좌파 세력의 득세로 이어진 과정, 민주당과 공화당의 대립과 갈등, '제2의 미국혁명'으로 일컬어지는 극우파의 성장 배경 등이 자연스럽게 서술된다.

002 미국의 정체성 10가지 코드로 미국을 말하다   eBook

김형인(한국외대 연구교수)

개인주의, 자유의 예찬, 평등주의, 법치주의, 다문화주의, 청교도 정신, 개척 정신, 실용주의, 과학·기술에 대한 신뢰, 미래지향성과 직설적 표현 등 10가지 코드를 통해 미국인의 정체성과 신념을 추적한 책. 미국인의 가치관과 정신이 어떠한 과정을 통해서 형성되고 변천되어 왔는지를 보여 준다.

058 중국의 문화코드

강진석(한국외대 연구교수)

중국의 핵심적인 문화코드를 통해 중국인의 과거와 현재, 문명의 형성 배경과 다양한 문화 양상을 조명한 책. 이 책은 중국인의 대표적인 기질이 어떠한 역사적 맥락에서 형성되었는지 주목한다. 또한, 구체적이고 실제적인 여러 사물과 사례를 중심으로 중국인의 사유방식에 대해 설명해 주고 있다.

057 중국의 정체성　　eBook

강준영(한국외대 중국어과 교수)

중국, 중국인을 우리는 과연 어떻게 이해해야 하나? 우리 겨레의 역사와 직·간접적으로 끊임없이 영향을 주고받은 중국, 그러면서도 아직까지 그들의 속내를 자신 있게 말할 수 없는, 한편으로는 신비스럽고, 한편으로는 종잡을 수 없는 중국인에 대한 정체성을 명쾌하게 정리한 책.

015 오리엔탈리즘의 역사　　eBook

정진농(부산대 영문과 교수)

동양인에 대한 서양인의 오만한 사고와 의식에 준엄한 항의를 했던 에드워드 사이드의 오리엔탈리즘. 이 책은 에드워드 사이드의 이론 해설에 머무르지 않고 진정한 오리엔탈리즘의 출발점과 그 과정, 그리고 현재와 미래의 조망까지 아우른다. 또한 오리엔탈리즘이 사이드가 발굴해 낸 새로운 개념이 결코 아님을 역설한다.

186 일본의 정체성　　eBook

김필동(세명대 일어일문학과 교수)

일본인의 의식세계와 오늘의 일본을 만든 정신과 문화 등을 소개한 책. 일본인을 지배하는 이데올로기는 무엇이고 어떤 특징을 가지는지, 일본을 주목해야 하는 이유는 무엇인지 등이 서술된다. 일본인 행동양식의 특징과 토착적인 사상, 일본사회의 문화적 전통의 실체에 대한 분석을 통해 일본의 정체성을 체계적으로 살펴보고 있다.

261 노블레스 오블리주 세상을 비추는 기부의 역사

예종석(한양대 경영학과 교수)

프랑스어로 '높은 사회적 신분에 상응하는 도덕적 의무'를 뜻하는 노블레스 오블리주. 고대 그리스부터 현대까지 이어지고 있는 노블레스 오블리주의 역사 및 미국과 우리나라의 기부 문화를 살펴보고, 새로운 시대정신으로 노블레스 오블리주를 부활시킬 수 있는 가능성을 모색해 본다.

396 치명적인 금융위기, 왜 유독 대한민국인가 `eBook`

오형규(한국경제신문 논설위원)

이 책은 전 세계적인 금융 리스크의 증가 현상을 살펴보는 동시에 유달리 위기에 취약한 대한민국 경제의 문제를 진단한다. 금융안정망 구축 방안과 같은 실용적인 경제정책에서부터 개개인이 기억해야 할 대비법까지 제시해 주는 이 책을 통해 현대사회의 뉴노멀이 되어 버린 금융위기에서 살아남는 방법을 확인해 보자.

400 불안사회 대한민국, 복지가 해답인가 `eBook`

신광영 (중앙대 사회학과 교수)

대한민국 사회의 미래를 위해서 복지는 선택이 아니라 필수라고 말하는 책. 이를 위해 경제 위기, 사회해체, 저출산 고령화, 공동체 붕괴 등 불안사회 대한민국이 안고 있는 수많은 리스크를 진단한다. 저자는 사회적 위험에 대응하기 위한 복지 제도야말로 국민 모두의 삶의 질을 높일 수 있는 길이라는 것을 역설한다.

380 기후변화 이야기 `eBook`

이유진(녹색연합 기후에너지 정책위원)

이 책은 기후변화라는 위기의 시대를 살면서 우리가 알아야 할 기본지식을 소개한다. 저자는 기후변화와 관련된 핵심 쟁점들을 모두 정리하는 동시에 우리가 행동해야 할 실천적인 대안을 제시한다. 이를 통해 독자들은 기후변화 시대를 사는 우리가 무엇을 해야 할 것인지에 대하여 생각해 볼 수 있을 것이다.

사회 · 문화

(주)살림출판사

www.sallimbooks.com
주소 경기도 파주시 문발동 522-1 | 전화 031-955-1350 | 팩스 031-955-1355